Smart Book

기초한문교재

현토번역

신편 명심보감

明心寶鑑 韓國篇·中國篇 - 附 讀本

이지곤 원주용 편역

傳統文化硏究會

新編 明心寶鑑 15,000원

2021년 06월 03일 초판 인쇄
2021년 06월 15일 초판 발행

編 譯 이지곤 원주용
懸 吐 오규근
潤 文 이지곤 원주용
校 訂 박승주
編 輯 이충구 이화춘 원주용 이지곤
出 版 신양선

發 行 人 박홍식
發 行 處 社團法人 傳統文化硏究會
서울 종로구 삼봉로 81 두산위브파빌리온 1332호
전 화 : (02)762-8401 전 송 : (02)747-0083
홈페이지 : juntong.or.kr
등 록 : 1989. 7. 3. 제1-936호

인 쇄 처 한국법령정보주식회사(02-462-3860)
총 판 한국출판협동조합(070-7119-1750)

I S B N 979-11-5794-240-4 04710
978-89-85395-49-6(세트)

기초한문교재 Smartbook을 간행하며

오늘날 동북아東北亞 공용문자共用文字인 한자漢字는 그 용도用途가 이분二分되었다 하겠다. 하나는 전통적인 한자문화시대의 고문古文에 대한 연구 분야이고, 다른 하나는 현대 한국韓國과 중국中國, 일본日本 등 한자문화권 국가의 실제 언어생활에 활용하는 어휘 중심의 실용 구어口語와 전문용어 분야이다.

서세동점西勢東漸의 시기에 동양문화東洋文化의 뿌리인 한자가 열등문자劣等文字로 취급되고 배척되는 위기가 있었다. 당시 중국과 일본은 문화文化 전통을 잘 수호守護하여 이를 극복하였던 반면, 월남越南은 프랑스의 식민 하에서 한자를 버렸고, 남북한南北韓은 점령군과 한글전용주의자의 합동 공작攻作으로 문화 수호의 책임을 방기放棄하고 말았다. 어문정책語文政策에 혼란을 초래하여 문화의 기반이 흔들리더니, 이제는 한글전용의 입장이 주류를 형성하였다.

우리 민족은 2,000여 년 전, 저 멀리 삼한시대三韓時代부터 동방東方 공용문자共用文字를 사용하면서 우리 특유의 한자문화를 형성하였고, 나아가 그 바탕에서 우리의 말과 글이 합치하는 훈민정음訓民正音을 창제하여 표의문자表意文字인 한자와 표음문자表音文字인 한글을 융합하여 세계에 유례없는 어문생활을 영위營爲하여 왔다.

그러나 일부 단순한 국수주의자國粹主義者들의 책동策動으로 한글전용정책이 문화·교육·학계 전반을 잠식蠶食하였고, 이는 우리의 문화를 후퇴시켜 오늘날 실질문맹률實質文盲率 64%라는 OECD 최하위권 수준으로까지 추락시켜 문화후진국을 면치 못하게 되었다. 이는 개념어概念語의 대다수를 차지하는 한자어를 한글로만 표기한 결과, 정확한 원의原意의 이해·전달 및 조어造語가 어려워졌기 때문이다.

그리하여 초·중등교육의 국어國語·역사歷史를 비롯한 각종 교과서 어휘語彙와 용어用語 등으로부터, 전문적인 학술용어學術用語에 이르기까지 국어보다는 외국어外國語가 더 익숙한 상황에 이르렀다.

'한자는 어렵다'는 고정관념은 잘못된 인식이다. 한자는 획수劃數와 글자 수가 많고, 한문의 문장구조文章構造도 우리말과 달라 배우기 어려운 것이 사실이다. 그러나 우리가 오늘날 국어 등에서 사용하는 것은 한자어이다. 사어死語인 고문古文이나 외국어인 중국어문中國語文이 아니다. 사실 우리가 상형문자象形文字로 부르듯이 한자는 그림·형체의 이미지가 있어, 연상聯想 작용과 도형화圖形化 등으로 스토리텔링에 효과적이라는 면에서 지상地上의 문자

중 가장 기억하기 쉬운 문자로 평가되고 있다.

한자는 뇌腦의 활동을 활발하게 하여 오래 기억되는 매우 효용적인 언어라는 것이 뇌과학자腦科學者 조장희趙長熙 박사의 MRI와 일본 등 외국의 실험에서 증명되었다. 또 일본이 표의문자인 한자와 표음문자인 '가나(일본 문자)'를 혼용混用한 것이 세계 제일의 독서국으로 발전하는 원동력이 되었음은 우리에게 시사示唆하는 바가 크다.

오늘날 학교의 한자漢字·한문漢文 교육은 한글전용정책으로 인하여 현대식 교재를 중심으로 제한적·형식적이라 하겠다. 따라서 전통적 교육방법인 성독聲讀, 해석, 쓰기, 외우기, 글짓기 등 시각視覺·청각聽覺·촉각觸覺의 여러 감각기관感覺器官을 극대화하여 입체적이고 효율적인 언어학습을 도모하였던 전통 몽학蒙學(어린이 글공부) 교육의 강점을 다시 연구할 필요가 있다.

우리의 선인先人들은 서당書堂에서 아동들에게 소학小學(예절, 글자 공부)·역사歷史·문학文學 등을 교육하기 위하여 《천자문千字文》《사자소학四字小學》《추구推句》《계몽편啓蒙篇》《동몽선습童蒙先習》《격몽요결擊蒙要訣》《명심보감明心寶鑑》《훈몽자회訓蒙字會》 등을 저술하고 편찬하여 단계적으로 교육하였다.

각 분야의 소학小學(문자학)과 어휘력 확장으로 교양과 기초한문 이해의 기반을 다지고 동양고전 독해력讀解力을 증진하기 위해서는 이와 같은 선인들의 지혜가 응축凝縮된 전통傳統 몽학서蒙學書를 선행先行학습할 필요가 있고, 이를 통해 전통의 감성적·반복적 학습방법과 현대의 이성적·분석적 방법을 융합하여야 한다.

이에 본회는 동양고전 독해력을 2, 3년의 단기간에 터득할 수 있도록 기왕에 편찬한 한자·한문 교과서와 기초한문교재(몽학서) 등의 1990년대 도서를, IT 기술을 접목하여 Smartbook으로 재구성한 21세기 버전으로 편찬하는 바이다. 아울러 지속적으로 새로운 교재를 발굴하여 고전독해력을 효율적·집중적·합리적으로 제고提高할 수 있도록 한문독해의 첩경捷徑을 시리즈로 제시할 것이다.

이러한 노력은 전통문화의 계승과 현대문화의 선진화와 생활언어의 격조를 높임은 물론, 한국학韓國學·동양학東洋學의 기반을 조성하고, 선진문화先進文化 한국인韓國人을 위한 한자어 교육의 현대화現代化와 정보화情報化를 선도하여 선진문화한국 VISION 2050 2030 성취의 밑거름이 될 것이다.

사단법인 전통문화연구회 이사장 이계황李啓晃

일러두기

1. 이 책에 대하여

1) 이 책은 한자학습·한문독해 입문자入門者 등 초학자를 위한 '기초한문 Smartbook'의 한 책으로, 기존의 《명심보감明心寶鑑》에서 일부를 첨삭添削하여 〈중국편〉으로 정리하고 따로 〈한국편〉을 추가하여 《신편新編 명심보감明心寶鑑》으로 편찬한 것이다.

2) 원래 《명심보감》은 조선조朝鮮朝부터 근래近來에 이르기까지 우리나라 민간, 특히 서당에서 한문 및 인성교육용 교재로 쓰였던 서적書籍이다. 편자編者에 대한 설이 분분하여 고려말 추적秋適 편찬설編纂說, 명초明初 범입본范立本 편찬설, 명말明末 왕형王衡 편찬설 등이 학계에 알려져있으나 최근에는 범입본 편찬설이 가장 유력하다고 인정되고 있다.
《명심보감》의 판본은 중국의 경우 명·청대明清代에 꾸준히 간행刊行되었고, 일본에서는 주로 명대明代에 간행된 판본板本을 저본底本으로 하여 번각飜刻하였다. 조선에서 간행된 판본은 아래와 같이 크게 세 가지로 나뉜다.
   (1) 청주본清州本(초간본初刊本) : 1454년에 간행된 이후 우리나라 각지에서 간행된 초략본抄略本의 저본底本으로 사용되었다. 1970년 초初 발견된 완본完本은 소실燒失되었으나 다시 이우성 교수가 발견하여 1990년에 아세아문화사에서 영인·발간하게 되었다. 본회의 《신편 명심보감》도 아세아문화사 영인본을 저본으로 하였다.
   (2) 초략본抄略本 : 다양한 판본이 있으며, 1974년 청주본清州本이 발견되기 이전까지 《명심보감》의 원본으로 간주看做되었다. 청주본에서 결락된 〈존신편存信篇〉 제17이 아예 빠져 있어 청주본을 저본으로 했음을 알 수 있다. 청주본에 비하면 내용이 3분의 1로 줄어들었다.
   (3) 증보본增補本 : 초략본抄略本을 증보增補한 판본板本으로, 초략본과 마찬가지로 〈존신편存信篇〉이 존재하지 않는다. 판본에 따라 〈증보增補〉, 〈팔반가八反歌〉, 〈효행편속孝行篇續〉, 〈염의廉義〉, 〈권학勸學〉이 선별적으로 추가되어 있다.

3) 〈중국편〉은 원본原本인 청주본에서 약간 첨삭하여 기존에 많이 사용된 증보본을 기본으로 편성하였다.

4) 본서의 편차는 〈한국편〉은 시기에 따라 6편으로 나누어 앞부분에 제시하였고, 〈중국편〉은 기존의 내용별 구성을 존중하되 증보增補 등은 삭제하여 19개의 편으로 구성하였다.

2. 이 책의 구성

1) 《신편 명심보감》은 〈한국편韓國篇〉을 편성·첨가하고 기존의 〈중국편中國篇〉으로 구성하였다.

2) 〈한국편〉은 기존의 《명심보감》에 없던 부분으로, 우리 선조들의 문집과 역사서에서 좋은 문장을 시대별로 삼국시대三國時代 30문장, 고려시대 50문장, 조선시대 120문장 총 200문장을 선정하였다. 특히 조선시대의 경우 15세기는 조선초기朝鮮初期로 34문장, 16~17세기는 조선중기朝鮮中期로 25문장, 18세기는 조선후기朝鮮後期로 46문장, 19세기~개항기까지는 조선말기朝鮮末期로 15문장을 구성하였다.
이들을 통해 우리 선인들의 사상과 감정을 이해하고 현대를 살아가는 우리들이 본받을 점이 무엇인지 생각할 수 있도록 하였다. 아울러 한문 문장의 기본 구조와 패턴을 익혀 한문 독해의 실력을 키우는 데 도움이 될 수 있도록 하였다.

3) 〈중국편〉은 기존에 많이 사용된 증보본增補本의 내용을 대체로 수용하고 원본原本인 청주본淸州本에서 일부 문장을 가감하여 200문장으로 구성하였다.

4) 문장의 선정 기준은 다음과 같다.
   (1) 〈한국편〉의 주요 문장은 우리나라 선인들의 명언 명구를 중심으로 역사서歷史書와 문집류文集類에서 선정하였다.
   (2) 〈한국편〉의 구성은 삼국시대三國時代, 고려시대高麗時代, 조선시대朝鮮時代의 시대별 구성을 따르되, 문장의 수는 후대로 내려올수록 비중을 높였다.
   (3) 〈한국편〉은 책의 앞부분이어서 문장의 수준이 어렵지 않은 것을 중심으로 선정하였고 난해한 것은 자세한 설명을 넣어 쉽게 이해할 수 있도록 하였다.
   (4) 〈중국편〉의 주요 문장은 청주본을 중심으로 선정하되 대중적으로 알려진 증보본增補本 문장을 참조하여 선정하였다.
   (5) 청주본淸州本의 내용이 원문과 다른 경우는 전거典據에 의거 수정하였다.
   (6) 《신편 명심보감》의 문장독해를 위한 해설은 한문 독해 학습에 도움이 되도록 《한문독해기본패턴》의 주요 패턴을 중심으로 구성하였다.

3. 편집방침

1) 이 책은 〈한국편韓國篇〉 200문장과 〈중국편中國篇〉 200문장으로 총 400문장을 수록하였고, 뒤에는 성독용으로 독본讀本을 첨부하였다.

2) 본문의 학습 문장은 교수-학습의 편의를 위해 〈한국편〉 1~200번, 〈중국편〉 201~400번의 일련번호를 붙였다.

3) 본문 하단에 한문독해를 위한 한자의 훈음訓音, 어휘語彙, 패턴, 구문句文풀이를 제시하였다.
   (1) 한자의 훈음訓音은 중학교 교육용 900자 수준 이상의 한자와 특수한 뜻으로 사용된 한자를 제시함.
   (2) 어휘語彙는 고유어와 개념어 등 한문 번역에 도움이 되는 한자어를 중심으로 제시함.
   (3) 패턴은 《한문독해기본패턴》(본회 고전교육연구실 저)을 기준으로 제시하고, 추가로 패턴을 제시함.
   (4) 구문풀이는 다양한 용법이나 쓰임에 대한 해설을 제시함.

4) 번역飜譯은 원문原文을 여러 번 읽고, 스스로 번역해보고, 마지막으로 확인을 할 수 있도록 구성하였다. 풀이 내용도 한자의 쓰임이나 문장 구조의 이해를 돕기 위하여 가급적 문장을 직역에 가깝게 번역飜譯하였다.

5) 부록과 독본 첨부
   (1) 부록에는 '한국편 출전 정보', '한문 독해 패턴 색인', '한자 훈음 색인'을 첨부하였다.
   (2) 연수 및 성독聲讀(낭독朗讀)을 위하여 원문 독본讀本을 책의 뒷 부분에 우철右綴하여 종서縱書(세로쓰기)로 제공하였다.

6) 본서에 사용된 주요 부호附號는 다음과 같다.

부호	용도
" "	대화, 각종 인용
' '	" " 안에서 재인용, 강조
《 》	서명書名
〈 〉	편장명篇章名, 작품명作品名, 보충역補充譯
〔 〕	번역문과 음이 다른 한자 및 자구字句, 번역 뒤 인용한 원문原文
•	독해 패턴 및 구절 해설

數字 (1 2) 직해 풀이 순서

4. 연수 방법

연수의 방법은 '전체를 성독聲讀 또는 일정부분을 여러 번 반복해서 다독多讀하는 경우', '처음부터 정밀하게 정독精讀하는 경우', '번역문과 주석들을 먼저 읽고 원문原文을 뜯어 보는 경우', '관심 있는 부분을 중심으로 먼저 살펴보는 경우' 등 각자의 습관에 따라 다양하다. 그러나 아래의 몇 가지는 반드시 지켜야 독해력讀解力이 신장된다.

1) 일정 부분의 원문을 몇 번 읽고 스스로 풀이해보고 번역문, 주석 등과 비교해 본다.
   (1) 첨부된 독본 사용을 권장함. 원문을 여러 번 읽는 과정은 문장 이해에 최선임.
   (2) 만약 본인이 완전 초보라면 번역문을 먼저 읽고서 원문을 학습하는 것도 좋음.

2) 현토懸吐, 구문構文, 용어用語, 숙어熟語, 용례用例를 이해하도록 한다.

3) 여러 차례 성독聲讀(낭독)과 쓰기를 반복한다.
   (1) 독본 또는 수진본袖珍本을 활용하여 최소 20회 이상 성독하고, 3회 이상 정성들여 쓸 것. 읽고 쓰는 과정은 전자파로 뇌에 입력入力되는 효과가 증명되었음.

4) 스마트북 기능을 이용해서 반복反復 학습한다.
   (1) 이 책은 QR코드(기타 정보)를 통해 다양한 학습도구 활용으로 한문독해력 상승.
   (2) 넓고 깊게 연관되는 많은 내용의 다양한 반복학습이 가능함.
   (3) 읽어주는 원문과 뜻풀이도 반복해서 듣고, 따라 읽으면 문리文理 터득 단축.

5. '스마트북'이란?

1) PC 및 Mobile 등 정보화 IT기기를 이용한 교재의 다양한 학습보완 기능을 'Smartbook(스마트북)'이라 하였다. 이를 통하여 한자·한문 연수·학습 교재의 새로운 지평을 제시하고자 한다.

2) 스마트북으로 도서의 기본 요소를 정보화하여 제공하고, 그 밖의 관련자료를 제공하여 학습효과가 상승한다.

3) 본서 스마트북의 정보제공 범위는 다음과 같다.

○ : 동일제공, ◎ : 확대제공

구분	내용	도서	스마트북	
			PC	Mobile
원문/현토	대상 원문과 현토	○	○	○
번역	번역문	○	○	○
직해 및 직해순	직해 및 번역하는 순서와 훈음	○	◎	○
주석 및 해설	주요 어휘와 개념어 및 해설	○	◎	○
패턴	원문에 사용된 주요 구문構文 패턴 정보	○	◎	○
음원音源	원문 및 번역문의 듣기, 읽기, 따라읽기 등		○	○
도판	삽화, 지도, 연표, 사적, 문물 등	○	◎	◎
강좌	도서의 온라인 동영상 강독 또는 강의		○	○
쓰기노트	프린터용 쓰기노트		○	
책갈피	온라인 책갈피 기능		○	○
토론실	이용자의 토론공간		○	○

※ 일부 기능은 제작중이거나, 온라인 회원에 한하여 제공될 수 있음.

6. 스마트북 이용 방법

1) 본서는 각 단원별로 페이지 하단에 'QR코드'와 '단축기호'를 제공하고 있다.

2) 스마트북의 사용법은 다음과 같다.

(1) '스마트폰'을 사용할 경우 'QR코드'나 '단축주소'를 활용하여 접근한다.

※ QR코드를 이용할 때는 주요 포털 사이트의 App에서 제공되는 기능을 활용함.

(2) 'PC'를 사용할 경우 단원별로 제공된 '단축기호'를 활용하여 접근한다.

※ 단축주소 : "http://JTLink.kr/단축기호" (대소문자 무관)

목 차

I. 한국편

言人乎欲爲卤人乎○楚書曰楚國無以爲寶惟
以爲寶○子曰見善如不及見不善如探湯○
日見賢思齊焉見不賢而內自省也
天命篇第二凡十九條
孟子曰順天者存逆天者亡○近思錄云循天理
則不求利而自無不利循人欲則求利未得而害
已隨之○諸葛武侯曰謀事在人成事在天○人
願如此如此天理未然未然○康節邵先生曰天
聽寂無音蒼蒼何處尋非高亦非遠都只在人心
○人心生一念天地悉皆知善惡若無報乾坤必
有私○玄帝垂訓人間私語天聞若雷暗室虧心
神目如電○忠孝略云欺人必自欺其心欺其心
必自欺其天心其可欺乎○人可欺天不可欺人
可瞞天不可瞞○世人要瞞人分明把心欺欺心即
欺天負道天不知天在屋簷頭須有聽得時俗道
不聽得古今放過誰○湛湛青天不可欺未曾擧

청주판 명심보감 清州版 明心寶鑑 中

1. 삼국시대 三國時代

001 不逢時則隱하고 逢時則仕는 士之常也니라 -《三國史記》〈乙巴素列傳〉

【훈음】 隱 숨을 은　逢 맞이할 봉

- A則B : A하면 B하다
- A之B : A의 B

때를 만나지 못하면 〈물러나〉 은거隱居하고, 때를 만나면 〈나아가〉 벼슬하는 것은 선비(士)의 당연한 일이다.

002 君不恤民이면 非仁也요
臣不諫君이면 非忠也라 -《三國史記》〈倉助利列傳〉

【훈음】 恤 구휼할 휼　諫 간할 간

- 不A 非B : A하지 않으면 B가 아니다
- 不恤, 非仁 : '不'의 뒤에는 서술어가 오고 '非'의 뒤에는 명사가 온다. '不A 非B'와 같이 부정의 문장이 '對'를 이루는 경우 가정을 나타내어 'A하지 않으면 B가 아니다'와 같이 풀이하는 경우가 많다. '不A 無B', '非A 勿B' 등 부정을 의미하는 다른 한자가 쓰이기도 한다.

임금이 백성百姓을 불쌍히 여기지 않는다면 어진 것(仁)이 아니며,
신하臣下가 임금에게 간諫하지 않는다면 충성(忠)이 아니다.

003 古人言 一斗粟을 猶可舂이요
一尺布를 猶可縫이라하니

CV174191

則苟爲同心이면 何必富貴然後可共乎아 -《三國史記》〈溫達列傳〉

【훈음】 粟 곡식 속　舂 방아 찧을 용　縫 꿰맬 봉　苟 진실로 구 ; 만약

• 可A : A할 수 있다　• 苟A : 만약 A라면　• 何A乎 : 어찌 A인가?

〈공주가 대답하였다.〉
"옛사람의 말에 '한 말(一斗)의 곡식도 오히려 찧어서 〈나누어 먹을 수〉 있고,
한 자의 베(布)도 오히려 옷을 지어 〈같이 입을 수〉 있다.'고 하였으니,
그렇다면 진실로 마음만 같이한다면 어찌 꼭 부귀富貴한 뒤라야만 함께할 수 있겠습니까?"

온달 溫達

고구려 평원왕平原王(? ~590)과 영양왕嬰陽王(? ~618) 때의 장수將帥이다. 온달은 얼굴은 우습게 생겼지만 마음씨는 밝았다. 집이 매우 가난하여 항상 밥을 빌어다 어머니를 봉양하였다. 떨어진 옷과 해진 신으로 저자거리를 왕래하니, 사람들이 그를 보고 '바보 온달'이라 불렀다. 평강왕의 어린 딸이 울기를 잘해 왕은 "네가 항상 울어서 내 귀를 시끄럽게 하니, 커서 사대부의 아내가 될 수 없겠다. 바보 온달에게나 시집보내야 하겠다"라고 놀렸다.

공주公主가 16세가 되자 왕은 상부上部의 고씨高氏에게 시집보내려 했다. 그러자 공주는 '임금은 식언食言할 수 없다'며 궁중을 나와 온달을 찾아 부부가 되었다. 공주는 궁중에서 가지고 나온 패물을 팔아 집과 밭을 마련하고 말을 사서 준마로 키웠다. 고구려에서는 해마다 3월 3일이면 낙랑樂浪의 언덕에 왕과 신하, 5부의 병사들이 모여 사냥을 하고, 그날 잡은 산돼지·사슴으로 하늘과 산천의 신에게 제사를 지냈다. 온달도 말을 타고 따라갔는데, 말을 타고 달리는 품이 남보다 앞서고 잡은 짐승도 많았다. 왕이 불러서 이름을 묻고는 놀라고 기이하게 여겼다. 이후, 북주北周와의 전투에서 공을 세웠으며, 신라에 빼앗긴 한강 유역의 영토를 회복하기 위해 출정하였다가 아단성阿旦城에서 전사하였다. -《三國史記》

004 大王常語하시되 汝必爲溫達之婦라하신대 今何故改前言乎아 匹夫猶不欲食言한대 況至尊乎아 -《三國史記》〈溫達列傳〉

【훈음】 溫 따뜻할 온　況 하물며 황
【어휘】 食言 : 입 밖에 낸 말을 다시 입 속에 넣음. 곧 말에 신의가 없음을 이른다.

• 至尊 : 더없이 높은 지위. 임금의 지위를 이른다.

• 欲A : A하려고 하다 • 況A乎 : 하물며 A에 있어서랴

〈평강공주平岡公主가 말하였다.〉

"대왕大王께서는 항상 말씀하시기를 '너는 반드시 온달溫達의 아내가 될 것이다.'라고 하셨습니다. 지금 무슨 까닭으로 전의 말씀을 고치려 하십니까? 평범한 사내(匹夫)도 오히려 식언食言을 하려고 하지 않는데, 하물며 임금께서 〈어찌 식언할 수 있겠습니까.〉"

005 與其生辱으론 不如死快니라 -《三國史記》〈階伯列傳〉

【훈음】 辱 욕 욕

• 與其A 不如B : A하기 보다는 B하는 것이 낫다 ☞ '與其A(也) 不如B' 패턴은 '與其A也 寧B' 기본 패턴의 변형이다.

〈계백이 말하였다.〉

"살아서 욕辱을 보는 것보다는 죽어서 쾌快한 것이 낫다."

계백 階伯

계백은 백제 사람이다. 벼슬에 나가 달솔達率이 되었다.

당唐나라 고종高宗이 소정방蘇定方을 신구도대총관神丘道大摠管으로 삼아 군사를 이끌고 바다를 건너 신라와 함께 백제를 정벌하도록 하였다.

계백은 장군將軍이 되어 죽음을 각오한 군사 5천 명을 뽑아 이들을 막고자 했다. 그리고 "한 나라의 사람으로서 당과 신라의 대규모 병력을 맞게 되었으니, 국가의 존망存亡을 알 수 없다. 내 처와 자식들이 잡혀 노비奴婢가 될까 염려된다. 살아서 욕辱을 보는 것보다는 죽어서 쾌快한 것이 낫다."라고 말하고, 마침내 처자식을 모두 죽였다.

황산의 벌판에 이르러 3개의 군영軍營을 설치하였다. 신라 군대를 만나 전투를 시작하려고 하자, 계백은 여러 사람들 앞에서 맹세하며 "지난날 구천句踐은 5천 명으로 오吳나라 70만의 무리를 격파하였다. 지금 오늘 마땅히 각자 힘써 싸워 승리함으로써 나라의 은혜에 보답하자."고 하였다. 드디어 격렬히 싸우니, 백제의 군사로서 '일당천一當千'이 아닌 자가 없었다. 신라군은 이에 퇴각하였다.

이와 같이 진격하고 퇴각하며 싸운 것이 4차례에 이르렀지만, 계백은 결국 힘이 다하여 죽었다. -《三國史記》

006 今有世俗五戒하니

一曰事君以忠이요 二曰事親以孝요

三曰交友以信이요 四曰臨戰無退요

五曰殺生有擇이라

若等行之無忽하라 -《三國史記》〈貴山列傳〉

【훈음】 戒 경계할 **계** 臨 임할 **림** 擇 가릴 **택** 若 같을 **약** ; 너 忽 갑자기 **홀** ; 소홀히 하다

【어휘】 **世俗五戒** : 신라新羅 진평왕眞平王 때 원광법사圓光法師가 창시한 다섯 가지의 계율.

- **以A** : A로써 • **無A** : A하지 말라
- **若等行之無忽** : 여기서 '之'는 '그것'의 의미로 풀이하나 보통 생략하는 경우가 많다.

〈원광법사圓光法師가 말하였다.〉

"지금 세속오계世俗五戒가 있으니,

'첫째 임금을 충忠으로써 섬기고, 둘째 어버이를 효孝로써 섬기며,

셋째 친구를 믿음(信)으로써 사귀고, 넷째 전쟁戰爭에 나가서는 물러서지 말며,

다섯째 살아 있는 것을 죽일때에는 가림이 있어야 한다'라는 것이다.

너희들은 그것을 행하는 데 소홀히 하지 말라."

007 陽春和氣에 草木皆華나

至於歲寒에 獨松栢後彫라 -《三國史記》〈訥崔列傳〉

【훈음】 歲 해 **세** 栢 측백 **백** 彫 새길 **조** ; 시들다

【어휘】 **歲寒** : 설 전후前後 추위라는 뜻으로, 몹시 추운 한 겨울의 추위를 일컫는 말.

• **後彫** : 뒤늦게 시든다.

- **A於B** : B에 A하다

• 《논어論語》〈자한편子罕篇〉에 "歲寒然後 知松柏之後彫也"라고 한 데서 연유한 문장이다.

따뜻한 봄의 온화溫和한 기운氣運에는 초목草木이 모두 꽃을 피우지만, 몹시 추운 겨울이 오면 오직 소나무와 측백나무만이 늦게 시든다.

008 **苟非其義**면 **雖千金之利**라도 **不動心焉**이니라 -《三國史記》〈劍君列傳〉

• **雖A** : 비록 A라도
• **苟非A** : 만약 A가 아니라면
• **不動心焉** : 문장의 끝에 쓰인 '焉'은 보통 '於此'의 줄임말이다. 그러나 보통 의미가 중복되므로 풀이하지 않는 것이 일반적이다.

만약 그 의로운 것이 아니면 비록 천금千金의 이익利益이라도 마음을 움직이지 않는다.

009 **彼曲我直而反自逃**면 **非丈夫也**라 -《三國史記》〈劍君列傳〉

【훈음】 逃 도망할 도　丈 어른 장

• **A而B** : A인데 B하다
• **非A** : A가 아니다
• **彼曲我直而反自逃** : '而'는 문장을 연결하는 역할을 하며 '~인데'로 풀이한다. 뒤 절에서 어떤 일을 시키거나 제안하기 위하여 그 대상과 상관되는 상황을 미리 말할 때에 사용한다.

〈검군劍君이 말하였다.〉
"저들이 그르고 제가 옳은데 도리어 스스로 도망逃亡한다면 장부丈夫가 아닙니다."

검군 劍君

검군劍君(?~628 : 진평왕 50). 신라 중고기의 궁정관리로 대사大舍를 지낸 구문仇文의 아들이다. 화랑 근랑近郎의 낭도 출신으로 강직, 청렴하였다.

사량궁사인沙梁宮舍人 벼슬을 하고 있던 627년 8월에 서리가 내려 각종 곡식이 상하였으므로 그 이듬해 봄과 여름에 기근이 심하여 나라 사람들의 생활이 몹시 곤궁하였다. 이때에 궁정관리들이 창예창唱翳倉의 곡식을 몰래 훔쳐 나누어 가졌는데, 그만은 이를 끝내 뿌리쳤다. 이 때문에 동료관리들에 의하여 암살될 것을 예견하였으나, 그들을 고발하지 않고 근랑에게 가서 최후의 작별인사를 하였다. 마침내 관리들의 주연에 초대되어 독살되었다. -《三國史記》

010 吾父名我以竹竹者는 使我歲寒不凋하고 可折而不可屈이라
豈可畏死而生降乎아 -《三國史記》〈竹竹列傳〉

【훈음】 凋 시들 조 折 꺾을 절 屈 굽힐 굴 豈 어찌 기 畏 두려워할 외
【어휘】 竹竹 : 신라 대야주大耶州 사람으로, 선간撰干 학열郝熱의 아들이다. 642년 선덕여왕 11년에 대야성大耶城이 백제군에게 함락될 때 죽었다. • 歲寒 : 몹시 추운 때. 엄동.

- A以B : B로써 A하다
- 使AB : A로 하여금 B하게 하다
- 豈可A乎 : 어찌 A할 수 있겠는가?

〈죽죽竹竹이 말하였다.〉
"나의 아버지가 나를 죽죽이라고 이름한 것은 나로 하여금 추운 겨울에도 시들지 말고, 꺾일 수는 있을지라도 굽혀서는 안 된다고 한 것이다. 어찌 죽음을 두려워하여 살아서 항복降伏할 수 있겠는가?"

011 蓋聞하니 振領而裘正하고 提綱而網張이라하니
吾其爲綱領乎인저 -《三國史記》〈金庾信列傳〉

【훈음】 蓋 대개 개 振 떨칠 진 領 옷깃 령 裘 갓옷 구 提 끌 제 綱 벼리 강
網 그물 망 張 베풀 장
【어휘】 綱領 : 그물의 벼리과 옷의 깃으로, 근본이 되는 큰 줄거리를 비유.

- A而B : A하면 B하다
- 其A乎 : 분명 A일 것이다
- 提綱而網張 : 일을 풀어가는 데에 핵심을 잡는다는 뜻이다.
- 吾其爲綱領乎 : '其A乎'는 확신이나 추측, 반어에 쓰는 패턴이다. '其'는 '아마', '분명' 등 확신을 담은 추측의 의미로 사용되어, '아마 A일 것이다, '분명 A일 것이다'로 풀이한다.

〈김유신金庾信이 말하였다.〉
"대개 듣건대, '옷깃을 바르게 하면 갓옷이 바르게 되고 벼리(綱)를 당기면 그물이 펴진다.'고 하니 제가 벼리와 옷깃이 되겠습니다."

012 夫一人致死면 當百人이요 百人致死면 當千人이요
千人致死면 當萬人이니 則可以橫行天下라 -《三國史記》〈金庾信列傳〉

【훈음】 致 바칠 치　當 마땅 당　橫 가로 횡
【어휘】 橫行 : 마음대로 행하다.

• 可以A : A할 수 있다

〈김유신이 말하였다.〉
"대체로 한 사람이 목숨을 바치면 백 명을 당해낼 수 있고, 백 명이 목숨을 바치면 천 명을 당해낼 수 있고, 천 명이 목숨을 바치면 만 명을 당해낼 수 있으니, 〈3천 명이면〉 천하를 마음대로 할 수 있을 것이다."

013 伏願 殿下知成功之不易요 念守成之亦難하여
疏遠小人하고 親近君子하소서 -《三國史記》〈金庾信列傳〉

【훈음】 伏 엎드릴 복　願 원할 원　殿 큰 집 전　難 어려울 난　疏 성길 소　遠 멀 원
【어휘】 伏願 : 엎드려 원함. 삼가 바람.
• 殿下 : 제후왕諸侯王·태자太子·제왕諸王 등에 대한 존칭.
• 疏遠 : 실제와 거리가 멀다. 오활하다.

• A之B : A가 B하다

〈김유신이 말하였다.〉
"엎드려 바라옵건대, 전하殿下께서는 성공成功하는 것이 쉽지 않다는 것을 아시고 이루어놓은 것을 지키는 것이 또한 어렵다는 것을 유념하시어, 소인배小人輩를 멀리하시고 군자君子들을 가까이하십시오."

014 貧且賤이 非所羞也요
學道而不行之誠所羞也라 -《三國史記》〈强首列傳〉

【훈음】 羞 부끄러울 수 誠 진실로 성

• A且B : A하고 B하다 • 所A : A한 것 • A之所B : A가 B한 것
• 所羞 : '부끄러운 것'처럼 '所A'는 'A한 곳, A한 사람, A한 것'으로 풀이할 수 있다.

가난하고 천한 것(貧且賤)이 부끄러운 것이 아니라,
도道를 배우고도 실행實行하지 않는 것이 진실로(誠) 부끄러운 것이다.

015 丈夫固當兵死언정 豈可臥牀席하여 死家人之手乎아

-《三國史記》〈素那列傳〉

【훈음】 丈 어른 장 豈 어찌 기 臥 누울 와 牀 평상 상
【어휘】 丈夫 : 재능이 뛰어난 사람. 또는 대장부. • 兵死 : 병기에 의해 죽음 곧 싸움터에서 죽음.
• 牀席 : 침상·평상·자리 따위. • 家人 : 부녀자 또는 한 집안 사람을 이르는 말.

• 豈可A乎 : 어찌 A할 수 있겠는가?

장부는 진실로 마땅히 싸우다 죽을지언정, 어찌 병상病床에 누워서 집안 사람의 손에서 죽을 수 있겠는가.

016 欽春召子盤屈曰 爲臣莫若忠이요 爲子莫若孝라
見危致命하면 忠孝兩全이라 -《三國史記》〈金令胤列傳〉

【훈음】 欽 공경할 흠 召 부를 소 盤 소반 반 屈 굽힐 굴 兩 두 량
【어휘】 欽春 : 김흠순金欽純의 이명異名, 김유신의 아우이다. 29대 무열왕武烈王 때 이찬伊湌을 지냈다. • 盤屈 : 신라의 무장武將으로 김흠순金欽純의 아들이다.

• 莫若A : A만 한 것이 없다

흠춘欽春이 아들 반굴盤屈을 불러 말하였다.
"신하臣下가 되어서는 충성忠誠만 한 것이 없고 자식이 되어서는 효도孝道만 한 것이 없다.
위험을 보고 목숨을 바치면 충성과 효도가 모두 이루어진다."

017 雖有絲麻라도 無棄菅蒯하고
凡百君子는 無不代匱라하니
不識케이다 王亦有意乎아 -《三國史記》〈薛聰列傳〉

【훈음】 麻 삼 마　棄 버릴 기　菅 왕골 관　蒯 기름새(풀) 괴　匱 갑(匣)/다할 궤

【어휘】 **絲麻** : 명주실과 삼실. • **菅蒯** : 골풀과 누런 띠로, '菅'은 삿갓 또는 도롱이를 만드는 데 사용되고, '蒯'는 자리를 만들거나 새끼를 꼬는 데 사용된다. • **代匱** : 어떤 물품이 떨어졌을 때, 다른 물건으로써 그것에 대용하는 일.

- **雖A** : 비록 A일지라도　　• **無不A** : A하지 않을 수 없다
- **雖有絲麻 …… 無不代匱** : 《춘추좌씨전春秋左氏傳》 성공成公 9년에 나오는 말이다.
- **不識王亦有意乎** : '不識'을 나중에 풀이하여 '왕께서는 또한 뜻이 있으신지 모르겠습니다.'로 풀이할 수 있다.

〈백두옹白頭翁이 말하였다.〉

"비록 명주실과 삼(麻)실이 있다고 하더라도 골풀과 누런 띠를 버릴 수 없고,
무릇 모든 군자들은 궁할 때를 대비하지 않음이 없다고 하는데,
알지 못하겠습니다. 왕께서는 또한 뜻이 있으십니까?"

화왕계 花王戒

설총의 유일한 유문遺文으로서, 화왕花王이 아첨하는 미인美人과 충간忠諫하기 위하여 베옷에 가죽띠를 두른 포의위대布衣韋帶 차림으로 찾아온 백두옹白頭翁 두 사람을 두고 누구를 택할까 망설이는 것을 보고 백두옹이 화왕에게 간언諫言하였다는 내용이다. 이 이야기를 들어 설총이 신문왕神文王을 깨우쳤다고 한다. -《三國史記》

018 祿眞曰 彼梓人之爲室也에
材大者爲梁柱하고 小者爲椽榱하고
偃者植者는 各安所施라야 然後大廈成焉이라 -《三國史記》〈祿眞列傳〉

【훈음】 祿 녹 록　梓 가래나무 재　梁 들보 량　柱 기둥 주　椽 서까래 연

榱 서까래 **최** **偃** 쓰러질 **언** **植** 심을 **식** ; 세우다 **安** 편안할 **안** ; 알맞다/적당하다
廈 큰집 **하**

【어휘】 **祿眞** : 통일신라 시대의 인물, 집사부시랑執事部侍郞을 역임하였다.
• **梓人** : 목수의 우두머리. 여기서는 건축에 종사하는 자를 일컫는다.
• **梁柱** : 가옥의 들보와 기둥. • **椽榱(=椽木)** : 서까래. • **偃植** : 쓰러진 것과 서 있는 것.
• **各安所施** : 각각 적당한 곳에 두다.

• **A之B也** : A가 B할 때 • **A者爲B** : A한 것을 B로 삼다
• **各安所施** : 보통 '所'는 뒤의 말이 '所'를 꾸민다. 그러나 여기서는 앞의 '安'이 뒤에 있는 '所'를 꾸며 '적당한 곳'으로 풀이한다.

녹진祿眞이 말하였다.

"저 목수木手가 집을 지을 때는 재목材木이 큰 것을 기둥으로 삼고, 작은 것을 서까래로 삼으며, 휜 것과 곧은 것을 각각 적당한 곳에 놓아둔 뒤에야 큰 집이 만들어집니다."

019 陽召萱伯曰 犬各吠非其主라 爾以其主射我니 義士也라 我勿校니 爾安無恐하라 -《三國史記》〈金陽列傳〉

【훈음】 **陽** 볕 **양** **召** 부를 **소** **萱** 원추리 **훤** **伯** 맏 **백** **吠** 짖을 **폐** **校** 학교 **교** ; 보복하다
【어휘】 **陽** : 신라 때의 사람으로 김양金陽이다. 자字는 위흔魏昕이고, 태종무열왕太宗武烈王의 9세손이다. • **萱伯** : 신라 때의 사람으로 배훤백裵萱伯이다. 아찬阿飡으로서 희강왕僖康王(김제륭金悌隆)을 왕위에 오르게 도왔다. • **義士** : 의협심義俠心이 있는 사람.

• **召A曰B** : A를 불러 B라고 말하다 • **以AB** : A 때문에 B하다
• **勿A** : A하지 않다 • **無A** : A하지 말라
• **無恐** : '無'는 '~하지 말라'의 금지의 뜻으로 사용되었다.

김양金陽이 배훤백裵萱伯을 불러 말하였다.

"개는 각기 자기 주인이 아닌 사람을 〈보면〉 짖는다. 네가 그 주인 때문에 나를 쏘았으니 의사義士다. 나는 보복하지 않겠으니, 너는 안심하고 두려워하지 말라."

020 臣聞컨대 昔者桀紂荒于酒色하여 淫樂不止라가

由是政事凌遲하고 國家敗滅이라하니
覆轍在前이면 後車宜戒니이다 -《三國史記》〈新羅本紀 景德王〉

【훈음】 桀 걸임금 걸　紂 주임금 주　荒 거칠 황 ; 빠지다　淫 음란할 음　凌 업신여길 릉
遲 더딜/늦을 지　滅 꺼질/멸할 멸　覆 엎어질 복　轍 바퀴자국 철　宜 마땅 의
戒 경계할 계

【어휘】 桀 : 중국 하夏나라의 마지막 임금으로 이름은 계癸이다. • 紂 : 중국 은殷나라 마지막 임금으로 제을帝乙의 아들이고 이름은 신辛이다. • 淫樂 : 음탕하게 놀고 즐김. • 凌遲 : 기세·능력 따위가 차츰 쇠약해짐. • 覆轍 : 전복된 수레의 궤적.

• A者 : A (때)에　　• A于B : B에 A하다
• 昔者 : '시간+者'일 때 '者'는 시간을 나타내는 어조사로 보아 주로 '~(때)에'로 풀이한다.

〈이순李純이 말하였다.〉

"신이 듣건대 옛날 걸桀과 주紂가 술과 여자에 빠져 음탕淫蕩한 음악音樂을 그치지 않다가, 이로 말미암아 정치政治가 쇠퇴하게 되고 나라가 망했다고 합니다. 엎어진 수레궤적이 앞에 있으면 뒤 수레는 마땅히 경계警戒해야 될 것입니다."

021 于公慟哭三年旱하고 鄒衍含悲五月霜이라
今我幽愁還似古한대 皇天無語但蒼蒼이라 -《三國史記》〈新羅本紀 眞聖王〉

【훈음】 慟 서러워할 통　哭 울 곡　旱 가물 한　鄒 추나라 추　衍 넓을 연　含 머금을 함
幽 그윽할 유　還 돌아올 환　似 닮을 사　蒼 푸를 창

【어휘】 于公 : 중국 한漢 나라 동해東海 추인鄒人.
• 鄒衍 : 중국 전국시대의 사상가. 음양오행설陰陽五行說을 제창하였다.
• 幽愁 : 깊은 근심. • 皇天 : 하늘. 또는 하느님.

【해설】《전당시全唐詩》에는, "신라의 여왕 만曼 때 어떤 사람이 시정時政을 비방하여 길에다가 방을 써서 붙였는데, 여왕이 은자隱者인 왕거인이 한 짓이라고 의심하여 하옥하게 하였다. 그러자 왕거인이 분하고 원통스러워서 이 시문을 지어 옥의 벽에다 썼다."라고 기록하고 있다.

〈왕거인王巨仁이 다음과 같이 벽에 썼다.〉

"우공于公이 통곡하자 3년간 가물었고,
추연鄒衍이 슬픔을 품으니 5월에 서리가 내렸다네.

지금 나의 깊은 근심은 돌이켜보면 옛날과 비슷하건만,
황천皇天은 말이 없고 단지 푸르기만〔蒼蒼〕 하구나."

우공于公의 통곡痛哭

우공은 한나라 동해군東海郡 담현郯縣사람인데, 현의 옥사와 군의 결조決曹로서 재판을 잘 처리하는 것으로 이름이 높았다. 어느 날 동해군에서 과부가 된 효부가 시어머니를 죽였다는 누명을 쓰고 체포되었는데, 우공이 그 무고함을 주장했으나 태수를 설득할 길이 없자 법안을 가슴에 품고 크게 울고 사직했으며, 효부는 처형되고 말았다. 이후 동해군에는 3년 동안 가문이 들어 황폐해졌는데, 신임 태수가 부임해 우공의 말을 따라 효부의 무덤에 제사를 지내 원통한 것을 해명해 주니, 갑자기 큰 비가 내렸다고 한다. -《漢書》

추연鄒衍의 곡哭

추연(서기전 305~서기전 240)은 전국시대의 음양오행가로 제나라의 임치臨淄사람이다. 연나라 소왕이 갈석궁碣石宮을 쌓고 그를 스승으로 받들었는데, 소왕이 죽자 혜왕이 남의 참소讒訴를 믿어 옥에 가두었다. 이에 추연이 하늘을 우러러 곡을 하자 그에 감응해 5월에 서리가 내렸다고 한다. -《太平御覽》

022 寧爲雞林之犬㹠이언정 不爲倭國之臣子요
寧受雞林之箠楚언정 不受倭國之爵祿이라 -《三國遺事》〈紀異 金堤上〉

【훈음】 寧 편안 녕 ; 차라리 雞 닭 계 㹠 돼지 새끼 돈 倭 왜나라 왜 箠 채찍 추
楚 초나라 초 ; 회초리 倭 왜나라 왜 爵 벼슬 작

【어휘】 雞林 : 신라新羅의 옛 이름.
• 臣子 : 신하臣下를 말한다. 여기서 '子'는 사람을 나타내는 의미로 쓰였다.
• 箠楚 : 매질하는 형구刑具. 전의되어, 형장刑杖으로 침. • 爵祿 : 작위와 봉록.

• 寧A 不B : 차라리 A할지언정 B하지 않겠다

〈김제상金堤上이 말하였다.〉
"차라리 계림雞林의 개 돼지가 될지언정, 왜국倭國의 신하는 되지 않겠다. 차라리 계림의 형벌刑罰을 받을지언정 왜국의 작록爵祿은 받지 않겠다."

023 知財賄之爲地獄根本하여 將避於窮山以餞一生한대 何敢受焉고 -《三國遺事》〈避隱 永才遇賊〉

【훈음】 賄 재물 회　獄 옥 옥　將 장차 장　避 피할 피　窮 궁할 궁　餞 보낼 전
【어휘】 財賄 : 재화. 재물. • 窮山 : 깊은 산.

• 何A焉 : 어찌 A하겠는가?

〈영재永才가 말하였다.〉
"재물財物이란 것이 지옥地獄이 되는 근본根本임을 알아서 장차 깊은 산에 피하여 일생一生을 보내려 하는데 어찌 감히 받겠습니까."

영재가 도적을 만나다 永才遇賊

스님 영재永才는 성품이 익살스럽고, 재물에 연연하지 않고, 향가鄕歌를 잘하였다. 나이 들어 남악南岳에 은거하려 대현령大峴嶺에 이르렀는데, 도적 60여 사람을 만났다. 도적이 해를 입히려 하자, 영재는 칼날을 앞에 두고 두려워하는 기색이 없고, 온화하게 대하였다. 도적이 괴이하여 그의 이름을 물으니, 영재라고 하였다. 도적은 본디 그 이름을 들어서, 이에 노래를 짓도록 하였다. 영재가 노래를 지어 부르니, 도적이 노래에 감동하여, 비단 두 단을 주었다. 영재는 웃으며 사양하며 말하였다. "재물이란 것이 지옥이 되는 근본임을 알아서 장차 깊은 산에 피하여 일생을 보내려 하는데 어찌 감히 받겠습니까." 하고는 거절하였다. 도적이 그 말에 더 감동하여, 모두 칼을 풀고 창을 던지며, 머리를 깎고 영재의 무리가 되어, 함께 숨어 다시는 세상을 밟지 않았다. -《三國遺事》

024 母曰 昔日之糠粃는 心和且平이나 近日之香秔은 膈肝若刺而心未安하니 何哉오 -《三國遺事》〈孝善 貧女養母〉

【훈음】 糠 겨 강　粃 쭉정이 비　秔 메벼 갱　膈 가슴 격　肝 간 간　刺 찌를 자
【어휘】 糠粃 : 몹시 거친 음식. • 香秔 : 좋은 쌀밥. • 膈肝 : 가슴속.

• A之B : A의 B　　• 若A : A 같다

어머니께서 말씀하셨다.

"옛날의 거친 음식은 마음이 편안便安했으나, 근래의 향기로운 쌀밥은 가슴속이 찔리는 것 같아 마음이 편안하지 않으니 어찌된 일인가?"

빈녀양모 貧女養母

신라 진성왕眞聖王 때의 일이다. 어느 마을에 한 여자가 있었는데, 여자의 집이 가난하여 끼니를 구걸하여 부모를 봉양한 것이 몇 년이었다. 때마침 흉년이 되어 문에 기대어 구걸할 수단이 어려워지자, 부잣집에 종으로 몸을 팔아 곡식 30석을 얻어, 그 집에 맡기어 두고 일을 하였다.

해질 무렵 쌀을 싸서 집에 와서 밥을 지어드리고 함께 자고 새벽이 되면 부잣집에 일을 하러 돌아가니, 이와 같은 것이 며칠이 되었다.

그때 어머니가 말하길, "옛날에 거친 음식은 마음이 편안했으나, 근래에 향기로운 쌀밥은 가슴 속을 찌르는 것 같아 마음이 편안하지 않으니 어찌된 일인가?" 하였다.

여자는 어쩔 수 없이 그간의 사실을 말하니, 어머니는 통곡하고, 여자는 자신이 단지 입과 배를 봉양하기만 하면서 부모 앞에서 얼굴 빛 관리를 잘 하지 못한 것을 한탄하며, 서로를 안고 울었다.

효종랑孝宗郎이 그 이야기를 듣고 눈물을 흘리며, 곡식 1백 휘(斛)를 보냈고, 효종랑孝宗郎의 부모도 또한 의복 1습襲을 보냈으며, 효종랑孝宗郎의 무리(徒)는 조租 1천 석石을 거두어 그것을 보냈다. 이 일이 임금님의 귀에까지 닿았는데, 이때 왕은 곡식 500석과 집 1채를 하사하였으며, 병사를 보내어 그 집을 지키게 하여 도적을 경계하였다. 또 그 방坊에 기(旌)를 세워 효녀가 봉양한 마을이라 하였다. 후에 그 집을 기부하여 절이 되었는데, 이름을 양존사兩尊寺라 하였다. -《三國遺事》

025 天之假助不善은 非祚之也요
厚其凶惡而降之罰이라 -《桂苑筆耕集》〈檄黃巢書〉

【훈음】 假 거짓 가 ; 일시 祚 복 조 罰 벌할 벌

- A之B : A가 B하다
- 天之假助不善 : 天[1]之[2]假[3]助[6]不[5]善[4]의 순서로 풀이한다.
- 不善 : '선하지 않다'로 풀이한다. '不' 뒤에는 동사류가 와서 'A하지 않다'로 풀이한다.

• **非祚** : '복을 내리려는 것이 아니다'로 풀이한다. '非' 뒤에는 명사류가 와서 'A이/가 아니다'로 풀이한다.

하늘이 잠시(假) 선善하지 아니한 〈자를〉 도와주는 것은
그에게 복福을 내리려는 것이 아니고,
그의 흉악凶惡함을 쌓게 하여 그에게 벌罰을 내리려는 것이다.

026 **智者**는 **成之於順時**하고
愚者는 **敗之於逆理**니라 -《桂苑筆耕集》〈檄黃巢書〉

【훈음】 **順** 따를 순 **愚** 어리석을 우
【어휘】 **順時** : 시의時宜를 따르다. 또는 때에 맞게 하다. • **逆理** : 도리나 사리에 어긋나다.

• **A者B** : A한 사람은 B하다 • **A於B** : B에서 A하다

지혜智慧로운 사람은 때를 따르는 것에서 일을 이루고,
어리석은 사람은 이치理致를 거스르는 것에서 일을 어그러뜨린다.

027 **昇高自卑**니 **君子所以勵素志**요
辭大就小니 **古人所以傳令名**이라 -《桂苑筆耕集》〈張雄充白沙鎭將〉

【훈음】 **昇** 오를 승 **卑** 낮을 비 **勵** 힘쓸 려 **辭** 말씀 사 ; 사양하다
【어휘】 **所以** : 까닭. • **令名** : 좋은 이름. 훌륭한 명예나 명성.

높이 오르려면 낮은 곳에서부터 〈시작해야 하는 것이니〉, 군자君子가 평소에 뜻을 분발奮發하는 까닭이요,
큰 것을 사양辭讓하고 작은 것으로 나아가야 하는 것이니, 고인古人이 아름다운 이름을 전하는 까닭이다.

028 **古人有言曰 大廈成而燕雀相賀**하고

湯沐具而蟣蝨相弔라하다 -《桂苑筆耕集》〈招趙璋書〉

【훈음】 廈 큰집 하　燕 제비 연　雀 참새 작　湯 끓을 탕　沐 머리감을 목　具 갖출 구
蟣 서캐 기　蝨 이 슬　弔 조상할 조

【어휘】 湯沐 : 목욕함. • 蟣蝨 : 이와 서캐.

【해설】 서로 축하祝賀하고 애도哀悼하는 이유는 그들이 의지依支할 곳이 생기거나 없어지기 때문이다.

> • A而B : A하면 B하다

옛사람이 말하였다.
"큰집이 완성되면 제비와 참새가 서로 축하하고, 목욕할 준비가 갖추어지면 이와 서캐가 서로 애도哀悼한다."

029 身榮塵易染하고 心垢水難洗라 -《孤雲集》〈寓興〉

【훈음】 塵 티끌 진　染 물들 염　垢 때 구

몸의 영화榮華는 티끌에 더럽혀지기 쉽고, 마음의 때는 물로도 씻기 어렵다.

030 彼所啜이 不濟我渴하고 彼所啖이 不救我餒니 盍努力自飮自食고 -《孤雲集》〈無染和尙碑銘〉

【훈음】 啜 마실 철　濟 건널 제 ; 도움이 되다　啖 먹을 담　餒 주릴 뇌
盍 덮을 합 ; 어찌~아니하는가　努 힘쓸 노

> • 所A : A하는 것　　• 盍(≒何不)A : 어찌 A하지 않는가

저 사람이 마시는 것이 나의 갈증渴症을 풀어주지 못하며, 저 사람이 먹는 것이 나의 굶주림을 구해주지 못한다.
어찌 스스로 마시며 스스로 먹으려고 노력하지 않는가.

2. 고려시대 高麗時代

031 吾平日愛兄甚篤한대 今而分金에 忽萌忌兄之心이라
저
此乃不祥之物也니 不若投諸江而忘之라 -《高麗史》〈孝友列傳〉

【훈음】 篤 도타울 독　忽 갑자기 홀　萌 움 맹　忌 꺼릴 기　祥 상서 상
【어휘】 今而 : 지금, 이제.

• A而 : A (때)에　• A之B : A한 B　• A不若B : A는 B만 못하다
• 諸(=之於) : '~에 그것을'로 풀이하며 '저'라고 읽는다.

〈동생이 답하였다.〉
"제가 평소 형님을 매우 깊이 사랑하였는데, 이제 금金을 나누는데 문득 형을 꺼려하는 마음이 싹텄습니다. 이것은 바로 상서롭지 못한 물건이니, 강에 던져버리고 잊는 것만 못합니다."

형제투금 兄弟投金

고려 공민왕恭愍王 때의 일이다. 어느 형제가 함께 길을 가던 중, 아우가 금덩어리 두 개를 주워서 하나를 형에게 주었다. 양천강陽川江(지금의 서울 강서구 공암진 근처)에 이르러 배를 타고 강을 건너는데, 아우가 갑자기 금덩어리를 강물에 던져 버렸다. 형이 이상히 여겨서 물었더니 아우가 대답하기를, "제가 평소 형님을 매우 깊이 사랑하였는데, 이제 금金을 나누는데 문득 형을 꺼려하는 마음이 싹텄습니다. 이것은 바로 상서롭지 못한 물건이니, 강에 던져버리고 잊는 것만 못합니다."라고 하였다. 이에 형도 "네 말이 과연 옳구나." 하고는 동생을 따라 금덩어리를 강물에 던져버렸다. -《高麗史》〈列傳〉

CV174221

032 光宗曰 卿能不以寶爲寶나 予當以卿言爲寶라하다

-《高麗史》〈諸臣列傳〉

【훈음】 卿 벼슬 경　寶 보배 보　予 나 여

【어휘】 光宗 : 고려 4대 왕으로 이름은 왕소王昭. 자는 일화日華. 태조太祖 왕건王建의 셋째 아들이다. • 卿 : 임금이 신하를 부르는 말. 여기서는 고려 전기의 문신文臣인 서필徐弼을 지칭함.

• **以A爲B** : A를 B로 삼다

광종光宗이 말하였다.

"경은 보물을 보물로 삼지 않을 수 있지만, 나는 마땅히 경의 말을 보물로 삼을 것이다."

서필徐弼의 충언忠言

광종光宗이 재신宰臣 왕함민王咸敏·황보광겸皇甫光謙 및 서필徐弼에게 금으로 된 술그릇(金酒器)을 하사하였는데, 서필이 홀로 받지 않고 말하기를, "신이 외람되게 재상(宰輔)의 자리에 있어, 이미 과분하게 은총을 입게 되었는데, 또다시 금그릇을 하사하시니, 더욱 황송하고 분에 넘칩니다. 또한 의복을 입는 데는 등급의 차례(等衰)를 밝혀야 하고, 사치와 검약은 다스리는 일과 어지럽게 하는 것에 관한 일입니다. 신이 금그릇을 사용하면, 임금께서는 장차 무엇을 쓰시겠나이까?" 라고 하였다.

광종이 이르기를, "경은 보물을 보물로 삼지 않을 수 있지만, 나는 마땅히 경의 말을 보물로 삼을 것이다."라고 하였다. -《高麗史》

033 擧義代虐은 自古而然이라 今聞諸將議하니 妾猶奮發한대 況大丈夫乎아 -《高麗史》〈神惠王后列傳〉

【훈음】 虐 모질 학　妾 첩 첩　奮 떨칠 분　況 하물며 황　丈 어른 장

【어휘】 妾 : 여자의 겸칭. • 奮發 : 크게 일어남.

• **況A乎** : 하물며 A겠는가?

〈왕후가 태조에게 일러 말하였다.〉 "의로움을 일으켜 포학暴虐한 이를 대신代身하는 일은 예로부터 그러하였습니다. 지금 여러 장수들의 의견意見을 들어보니 첩妾도 오히려 분발奮發하는데 하물며 대장부大丈夫이겠습니까?"

신혜왕후神惠王后의 내조

궁예弓裔의 말년에 홍유洪儒·배현경裵玄慶·신숭겸申崇謙·복지겸卜智謙이 태조太祖 왕건王建의 집을 찾아가 장차 궁예를 폐립廢立시킬 일을 의논하려 하면서 왕후로 하여금 그것을 알지 못하게 하려고 왕후에게 일러 말하기를, "뜰(園)에 새로 열린 오이가 있습니까? 따서 오실 수 있겠는지요?"라고 하였다.

왕후가 그 의도를 알고 북쪽 방문을 따라 나가다 몰래 휘장 속(帳中)에 들어왔다.

여러 장수들이 드디어 태조를 왕으로 추대하려는 뜻을 말하자 태조가 얼굴빛을 바꾸면서 물리침이 매우 심하였는데, 이때 왕후가 급히 휘장 속에서부터 나와 태조에게 일러 말하기를, "의로움을 일으켜 포학한 이를 대신하는 일(代虐)은 예로부터 그러하였습니다. 지금 여러 장수들의 의견을 들어보니 첩妾도 오히려 분발하는데 하물며 대장부이겠습니까?"라고 하였다. 그리고서 손수 갑옷을 들어다 입히자 여러 장수들이 태조를 붙들고 호위하여 집을 나서, 드디어 태조가 즉위하였다. -《高麗史》

034 汝素蓄兇心이라가 自陷刑辟이라
法者天下之公이니 不可私撓라 -《高麗史》〈伊昕巖列傳〉

【훈음】 **蓄** 모을 **축** **兇** 흉악할 **흉** **陷** 빠질 **함** **辟** 물리칠 **벽** ; 죄주다 **撓** 휠 **뇨**
【어휘】 **兇心** : 흉악한 마음. • **刑辟** : 형법으로 다스림. 벌함.

• 不可A : A할 수 없다

〈태조太祖가 꾸짖으며 말하였다.〉
"네가 평소平素 흉악凶惡한 마음을 쌓아두고 있다가, 스스로 형벌刑罰에 빠진 것이다. 법法은 천하天下의 공평公平한 것이니 사사로이 어지럽게 할 수는 없다."

이흔암이 반역을 모의하다가 처형되다

이흔암伊昕巖은 궁술과 기마술을 일삼았으나 다른 재주와 식견은 없었으며 이득 있는 일이라면 재빨리 챙기는 자였다. 궁예弓裔를 섬기다가 기략(鉤距)으로 벼슬을 얻었다. 궁예 말년에는 군사를 거느리고 웅주熊州를 습격하여 점령하고, 인하여 그곳을 수비하였다.

태조太祖가 즉위했다는 소식을 듣고, 몰래 흉계의 마음을 품고서 부르지도 않았는데 스스로 태조에게 이르니, 사졸들이 대부분 도망하였으므로 이에 웅주는 다시 백제의 땅이 되었다. 한찬韓粲 수의형대령守義刑臺令 염장閻萇이 이흔암과 이웃하여 살았으므로 그 음모를 알아차리고 갖추어 보고하였으나, 태조가 말하기를, "이흔암은 지키던 곳을 팽개치고 스스로 나에게로 와서 변방의 영토를 잃었으니 그 죄는 참으로 용서하기 어렵다. 그러나 나와 어깨를 견주며 궁예를 섬기었고 평소 정분도 있으니 차마 처형할 수 없다. 또한 모반의 증거가 뚜렷이 드러나지 않았으니 그는 반드시 말이 있을 것이다."라고 하였다. 염장이 그를 은밀히 감시할 것을 건의하니, 태조가 나인(內人)을 염장의 집에 이르게 하여 장막 속에서 몰래 엿보게 하였다.

이흔암의 처 환씨桓氏가 변소에 이르러 사람이 없다고 생각하고 소변을 마치고 길게 탄식하며 말하길, "남편의 일이 제대로 잘 되지 않으면 나도 화를 입겠구나."라고 하고 들어갔다. 나인이 정황을 보고하니, 마침내 이흔암을 하옥시키고 모두 자백을 받아내었다. 백관에게 그 죄를 논하게 하니, 모두 말하기를, "처형함이 마땅합니다."라고 하였다. 태조가 친히 꾸짖으며 말하기를, "네가 평소平素 흉악凶惡한 마음을 쌓아두고 있다가, 스스로 형벌刑罰에 빠진 것이다. 법法은 천하天下의 공평公平한 것이니 사사로이 어지럽게 할 수는 없다"라고 하니, 이흔암은 눈물을 흘릴 뿐이었다. 저자거리에서 참수하고 가산을 몰수하게 하였으며 그 일당들의 죄는 불문不問에 부쳤다. -《高麗史》

035 太祖幸其第하여 謂曰 卿不食肉하면 有二失이라
不保其身하여 不得終養其母하니 不孝也요
不永命하여 使予早喪良弼하니 不忠也라 -《高麗史》〈崔凝列傳〉

【훈음】 幸 다행 행 ; 거동 第 차례 제 ; 집 卿 벼슬 경 予 나 여 弼 도울 필
【어휘】 永命 : 목숨이 장구함. • 卿 : 임금이 신하를 부르는 말. 여기서는 최응崔凝을 뜻함.

• 得A : A할 수 있다 • 使AB : A로 하여금 B하게 하다

태조太祖가 그(최응崔凝)의 집에 행차行次하여 말하였다.
"그대가 고기를 먹지 않으면 두 가지 잘못이 있게 된다. 몸을 보전하지 못하여 끝까지 어머니를 봉양奉養할 수 없으니 불효不孝이고, 오래 살지 못하여 나로 하여금 훌륭하게 보필輔弼하는 자를 일찍 잃게 하니 불충不忠이로다."

최응 崔凝

최응崔凝은 황주黃州 토산土山 사람으로, 아버지는 대상大相 최우달崔祐達이다. 최응은 항상 몸과 마음을 정결히 하고 육식을 하지 않았다.

한번은 병이 들었는데, 태조 왕건이 동궁東宮을 보내어 병세를 물었다. 동궁이 고기를 먹을 것을 권하며 말하기를, "손수 죽이지 않으면 될 뿐, 고기를 먹는 것이 무슨 해가 있겠습니까?"라고 하였다.

최응은 굳이 사양하며 먹지 않았는데, 태조가 그의 집에 행차하여 그에게 말하기를, "그대가 고기를 먹지 않으면 두 가지 잘못이 있게 된다. 몸을 보전하지 못하여 끝까지 어머니를 봉양할 수 없으니 불효不孝이고, 오래 살지 못하여 나로 하여금 훌륭하게 보필하는 자를 일찍 잃게 하니 불충不忠이로다."라고 하였다. 최응이 비로소 처음으로 고기를 먹었더니 과연 병이 나았다. -《高麗史》

036 **父臨終戒之曰 汝當見金如石**하라하니 **瑩佩服**이라

-《高麗史》〈崔凝列傳〉

【훈음】 **臨** 임할 **림** **戒** 경계할 **계** **瑩** 밝을 **형** **佩** 찰 **패** **服** 옷 **복** ; 차다
【어휘】 **瑩** : 고려 말기의 명장、재상인 최영崔瑩(1316~1388).
• **佩服** : 오래 잊지 않고 마음에 간직하다.

• A如B : A를 B와 같이 하다

〈최영崔瑩이 16세 때에〉 부친父親이 임종臨終하면서 훈계訓戒하여 말하였다.
"너는 마땅히 황금黃金 보기를 돌과 같이 하라." 하니 최영이 마음에 간직하였다.

037 **黔弼謝曰 臨難忘私**하고 **見危授命**은 **臣職耳**니이다

-《高麗史》〈庾黔弼列傳〉

【훈음】 **黔** 검을 **검** ; 검은 빛 **금** **弼** 도울 **필** **臨** 임할 **림** **職** 직분 **직**
【어휘】 **黔弼** : 고려시대의 무장으로 평산유씨平山庾氏의 시조인 유금필庾黔弼.
• **見危授命** : 위태로운 고비에서 용감히 몸을 바침.

【해설】 유금필이 신라新羅를 침략하던 후백제後百濟 신검神劒의 군사를 사탄槎灘에서 물리치고 돌아오자, 태조太祖 왕건王建이 매우 기뻐하며 유금필을 칭찬하자 겸양하여 한 말이다.

• A耳 : A일 따름이다

유금필庾黔弼이 사양하며 말하였다.

"어려운 상황에 처해 사사로움을 잊고, 위험을 보고 목숨을 바치는 것은 신하臣下의 직분職分일 따름입니다."

038 凡爾百僚는 各敬爾事하고 依舊進奏하여 毋得稽留하라 庶幾魚水同歡하여 毋致君臣相阻하라 -《高麗史》〈光宗世家〉

【훈음】 爾 너 이 僚 동료 료 ; 관리 奏 아뢸 주 毋 말 무 稽 머무를 계 庶 여러 서 阻 막힐 조 ; 떨어지다

【어휘】 百僚 : 모든 벼슬아치. 모든 관리. • 進奏 : 황제에게 아뢰다. • 稽留 : 지연되다. • 魚水 : 물과 물고기로 임금과 신하의 친밀한 관계를 뜻함. = 수어지교水魚之交.

【해설】 고려高麗 성종成宗의 병세가 심해지자, 평장사平章事 왕융王融이 왕의 쾌차를 기원하며 사면령赦免令을 반포頒布하자고 청하였고 이에 성종이 대답한 말이다.

• 毋A : A하지 말라 • 庶幾 : 바라건대 A하라

〈왕이 군신의 화합을 당부하는 조서를 내려 말하였다.〉

"무릇 너희 백관百官들은 각각 너희의 일을 공경恭敬하고 옛 일에 의거依據하여 아뢰고, 지체遲滯하지 말라. 바라건대 물과 물고기의 관계처럼 같이 즐겨〔魚水同歡〕 임금과 신하가 서로 사이가 멀어지는 데 이르게 하지 말라."

039 死生在天이니 何至釋有罪하여 枉求延命乎아 -《高麗史》〈成宗世家〉

【훈음】 釋 풀 석 枉 굽을 왕 ; 헛되이 延 늘일 연

• 何A乎 : 어떻게 A하는가?
• 何至釋有罪 枉求延命乎 : '何至A乎'는 '어찌 A에 이르겠는가'로 풀이한다.

〈왕이 말하였다.〉

"죽고 사는 것은 하늘에 달렸으니, 어찌 죄가 있는 자들을 풀어주면서 헛되이 목숨 늘리는 것을 구함에 이르겠는가?"

040 將相이 寧有種乎리오
時來則亦可爲也라 -《高麗史節要》

【훈음】 寧 어찌 녕

【해설】 이 문장은 '신분의 귀천이 따로 있는 것은 아니다. 기회가 오면 귀하게 될 수 있다.'는 말로, 고려 무신 정권 때 난을 일으켰던 노비 만적이 세력을 규합하면서 한 말이다.

- 寧A乎 : 어찌 A하겠는가?
- A則B : A하면 B하다
- 寧有種乎 : '寧'은 의문사로 사용되었다. 보통 '차라리'의 의미로 사용되나 구절의 앞에 나오는 경우 의문사로 쓰이는 경우가 있다.

〈노비 만적萬積이 말하였다.〉
"장수와 재상이 어찌 종자가 있겠는가? 때가 오면 또한 〈누구든지 장수와 재상이〉 될 수 있다."

041 思之勿深이니 深則多疑니라
商酌折衷하여 三思最宜니라 -《東國李相國集》〈思箴〉

【훈음】 疑 의심 의 商 장사 상 ; 헤아리다 酌 술 부을 작 ; 헤아리다 衷 속마음 충 ; 타협하다 宜 마땅할 의

【어휘】 商酌 : 헤아려 짐작하다.

- A之B : A를 B하다
- A則B : A하면 B하다

생각을 깊게 하지 말아야 하니 깊게 하면 의심疑心이 많게 된다.
헤아려 절충折衷하여, 세 번 생각하는 것이 가장 적당適當하다.

042 常直不弓이면 被人怒嗔이요
能曲如磬이면 遠辱於身이니
惟人禍福이 係爾屈伸이니라 -《東國李相國集》〈腰箴〉

【훈음】 弓 활 궁 ; 굽히다 嗔 성낼 진 磬 경쇠 경 辱 욕될 욕 係 맬 계
【어휘】 怒嗔 : 분노하다. 성을 내다. • 屈伸 : 몸을 굽히거나 펴다.

• 被AB : A에게 B받게 되다
• 被人怒嗔 : '被'는 피동의 의미인 '~게 되다'로 풀이하며 '見'으로 바꾸어 쓸 수 있다.

항상 곧기만하고 굽히지 않으면 남의 노여움을 받게 되고,
경석磬石처럼 굽힐 수 있으면 몸에서 수치羞恥를 멀리할 수 있다.
오직 사람의 화복禍福은 너의 펴고 굽힘에 달린 것이다.

043 慕而學之면 則雖不得其實이나
亦庶幾矣리라 -《東國李相國集》〈白雲居士語錄〉

【훈음】 庶 가까울 서 幾 몇 기 ; 거의 【어휘】 庶幾 : 비슷하다. 가깝다.

• 雖A : 비록 A라도
• 慕而學之 : '之'는 대명사로 '그것'에 해당하나 보통 생략하는 경우가 많다.

사모思慕하여 배우면 비록 그 실상實相을 얻지 못한다 하더라도, 또한 거의 〈실상에〉 가깝게 될 것이다.

044 器盈則覆(복)은 物之常理라 -《東國李相國集》〈麴先生傳〉

【훈음】 覆 엎어질 복 盈 찰 영 【어휘】 常理 : 일반적인 규율. 통상적인 도리.

• A則B : A하면 B하다 • A之B : A의 B

그릇이 가득 차면 넘치는 것은 사물事物의 일반적인 이치理致이다.

045 **人盜天生物**이요 **爾盜人所盜**라
均爲口腹謀니 **何獨於汝討**오 -《東國李相國集》〈放鼠〉

【훈음】 **均** 고를 **균** ; 모두 **腹** 배 **복** **謀** 꾀 **모** **討** 비난할 **토**

- **A所B** : A가 B한 것

사람은 하늘이 낸 물건을 훔치고, 너는 사람이 훔친 것을 훔친다.
다 같이 입과 배를 위해 꾀한 〈일이니〉, 어찌 홀로 너만을 나무라겠는가.

046 **凡有血氣者**는 **自黔首**로 **至于牛馬猪羊**과 **昆蟲螻蟻**히
其貪生惡(오)**死之心**이 **未始不同**이라 -《東國李相國集》〈蝨犬說〉

【훈음】 **黔** 검을 **검** **猪** 돼지 **저** **昆** 맏 **곤** ; 벌레 **螻** 땅강아지 **루** **蟻** 개미 **의**
貪 탐낼 **탐** ; 바라다
【어휘】 **黔首** : 평민. 백성. 여기서는 사람을 뜻함. • **昆蟲** : 벌레를 통틀어 이르는 말.
• **螻蟻** : 땅강아지와 개미. 매우 작은 생물을 두루 이르는 말.

- **有A者** : A가 있는 것
- **自A至于B** : A로부터 B에 이르기까지
- **凡有血氣者** : 에서 '有A者'는 '者'자를 먼저 풀이하여 'A한 것(사람)이 있다'로 풀이하거나 '有'를 먼저 풀이하여 'A가 있는 것(사람)'으로 풀이하는 두 가지 경우가 있다.

무릇 혈기血氣가 있는 것은 사람으로부터 소·말·돼지·양·곤충·땅강아지·개미에 이르기까지 그 삶을 원하고 죽음을 싫어하는 마음은 처음부터 같지 않음이 없다.

047 **夫言有先逆而後順者**요 **外近而內遠者**라 -《東國李相國集》〈異相者對〉

【훈음】 **順** 순할 **순** **遠** 멀 **원**

- **有A者** : A한 것이 있다
- **A而B** : ~이나/그러나
- **夫言有先逆而後順者** : 有의 앞에 오는 주어 부분은 주로 사람이 오는 경우 '~이/가'로, 장소가 오는 경우 '~에'로 , 전체를 나타내는 말이 오는 경우 '~중에는'으로 풀이한다.

무릇 말에는, 앞에서는 거슬리나 뒤에서는 순탄順坦한 것도 있고, 겉으로는 〈듣기에〉 천

근淺近하나 속으로는 〈뜻이〉 장원長遠한 것도 있다.

048 物入由是하고 聲出由是니
誠不可不有나 而亦不可不畏之地也라 -《東國李相國集》〈畏賦〉

【훈음】 畏 두려워할 외

- 不可不A : A하지 않아서는 안 된다
- 物入由是 : '物'은 물건을 뜻하나 여기서는 '음식물'을 뜻한다. '是'는 '입'을 뜻한다.
- 誠不可不有 : '不可不'은 이중부정으로 강한 긍정을 의미한다.

음식이 이곳을 통하여 들어가고, 소리도 이곳으로부터 나오니,
진실眞實로 없어서는 안 되지만, 또한 두려워하지 않아서는 안 되는 곳이다.

049 一語一默에 榮辱所自니라 -《東國李相國集》〈畏賦〉

【훈음】 默 잠잠할 묵 辱 욕될 욕
【어휘】 榮辱 : 영광과 치욕. • 所自 : 유래由來. 내력. 근원.

한마디 말, 한순간 침묵沈默에서 영예榮譽와 수치羞恥가 유래由來한다.

050 居不可久兮하라 螗蜋在後니라 -《東國李相國集》〈放蟬賦〉

【훈음】 兮 어조사 혜 螗 털매미 당 ; (=螳)사마귀 蜋(=螂) 사마귀 랑
【어휘】 螗蜋在後 : 당랑이 뒤에 있다. 다만 눈앞의 욕심만 보고 덤비면 해를 입을 수 있음을 비유하는 말.

- 不可A : A해서는 안 된다
- 居不可久兮 : '兮'는 운문韻文에 많이 쓰이는 조사로 구중句中이나 구말句末에 쓰여서 휴지休止나 감탄感歎을 나타낸다.

거처居處할 때에 오래 머물러서는 안 된다. 당랑螗蜋이 뒤에 있다.

당랑螳螂이 매미蟬를 잡으려고 엿보고 있다

춘추시대 말기 오왕吳王 부차夫差는 월나라 공략에 성공한 후 자만에 빠져 간신 백비의 중상을 믿고 상국相國 오자서伍子胥를 죽였으며, 월越나라에서 보내 온 미인 서시西施와 유락생활에 탐닉하였다. 월의 구천이 와신상담臥薪嘗膽 재기를 노린다는 것을 아는 중신들이 간하여도 막무가내였다.

어느 날 아침 태자 우友는 젖은 옷을 입고 활을 든 채 부차를 만났다. "너는 아침부터 무엇을 그리 허둥대느냐?" 하고 부차가 묻자, 우가 이렇게 대답하였다.

"아침에 정원에 갔더니 높은 나뭇가지에 매미가 앉아서 울고 있었습니다. 그 뒤를 보니 사마귀 한 마리가 매미를 잡아먹으려고 노리고 있었습니다. 그때 홀연 참새 한 마리가 날아와서 그 사마귀를 먹으려고 노리는데, 사마귀는 통 기미를 알아채지 못하고 있었습니다. 저는 참새를 향해 활시위를 당겼습니다. 그런데 그만 활 쏘는 데 정신이 팔려 웅덩이 속으로 빠져 버렸습니다. 그래서 옷을 이렇게 적신 것입니다. 천하에는 이런 예가 부지기수입니다. 이를테면 제나라는 까닭없이 노나라를 쳐서 그 땅을 손에 넣고 기뻐했지만, 우리 오나라에게 그 배후를 공격받고 대패했듯이 말입니다."

부차는 말을 듣자마자 얼굴을 붉히며 소리쳤다. "너는 오자서가 못한 충고를 할 셈이냐? 이제 그런 소리는 신물이 난다."

충심에서 우러난 간언을 듣지 않은 부차는 결국 월나라의 침입을 받아 멸망하고, 그 자신은 자결하였다. -《說苑》

051 子神明之後며 且明吉凶이어늘
不早自圖하고 落豫且(저)之謀하여
爲寡人所獲은 何也오하니
玄夫曰 明有所不見이요 智有所不及故爾라

-《東國李相國集》〈淸江使者玄夫傳〉

【훈음】 子 아들 자 ; 당신 豫 미리 예 且(=睢) 사람이름 저 謀 꾀 모 寡 적을 과 獲 얻을 획
玄 검을 현 智 슬기/지혜 지

【어휘】 神明 : 천지 사이에 있는 일체의 신령을 이르는 말. • 豫且 : 춘추 시대 송宋나라 어부

로, 신령한 거북이가 물고기로 화하였다가 예저에게 잡힌 고사가 있다. • **玄夫** : 거북의 다른 이름.

【해설】 거북을 의인화한 가전체假傳體 설화 내용으로, 대사령大使令인 현부玄夫에게 왕이 희롱하여 말한 부분이다.

- **爲A所B** : A에게 B되다
- **爲寡人所獲** : '과인에게 잡히다'는 뜻으로 피동형 문장의 대표적 유형이다.
- **智有所不及故爾** : '爾'는 종결사로 문장의 뒤에 쓰이며 주로 한정의 의미를 나타낸다.

〈왕이 농담으로 말하였다.〉

"그대는 신명神明의 후손이며 또한 길흉吉凶에도 밝은 자인데, 일찍이 스스로 도모하지 못하고 예저豫且의 술책術策에 빠져서 과인寡人에게 잡힌 것은 어째서인가?"

현부玄夫가 아뢰었다.

"밝은 눈에도 보이지 않는 것이 있고, 지혜도 미치지 못하는 곳이 있기 때문입니다."

청강사자현부전 淸江使者玄夫傳

고려시대의 문인 백운거사白雲居士 이규보李奎報가 지은 가전체假傳體 설화로 거북을 의인화한 작품이다.

현부玄夫의 조상 문갑文甲(거북의 일종)은 요堯 임금 때 낙빈洛濱에 은거하였는데, 임금이 그의 현명함을 듣고 낙수후洛水侯를 삼았다. 현부의 아버지 중광重光은 역위曆緯에 능통하여 임금이 불렀으나 듣지 않고 오히려 노래를 지어 비웃었다. 그 뒤 예저豫且에게 잡혀 송 원왕宋元王에게 바쳐져 대사령大使令 벼슬을 하였다.

사람들이 그의 덕을 흠모하여 황금 주상鑄像을 만들었고, 그의 족속들은 도를 얻어 천세까지 살았으며, 세호世號를 현의독우玄衣督郵라 하였다. 이 작품은 어진 거북의 행실을 써서 세상 사람들을 경계하고자 한 작품이다. -《東國李相國集》

052 **夫所謂止止者**는 **能知其所止而止之者也**니 **非其所止而止**면 **其止也非止止也**라 -《東國李相國集》〈止止軒記〉

【훈음】 **謂** 이를 위

- **所A者** : A하는 것
- **所A** : A하는 곳

- **非其所止而止** : '而'는 '그런데도'의 의미로 '앞 문장의 상황임에도 불구하고'의 뜻을 가진다.
- **其止也非止止也** : '也'는 문장의 중간에 사용되어 휴지와 강조의 느낌을 준다. 명사화된 동사구에서 사용되었다.

대저, '지지止止'라 이른 것은 그 머물 곳을 알아서 머물 수 있는 것이니, 그 머물 곳이 아닌 데에 머물면, 그 머묾은 머물 곳에 머무는 것이 아니다.

053 天下之事에 不以貴賤貧富爲之高下者는 唯文章耳라 -《破閑集》

【훈음】 **賤** 천할 **천** **唯** 오직 **유**

- **不A者** : A하지 않는 것 • **以A爲B** : A를 B로 삼다 • **唯A耳** : 오직 A일 뿐이다
- **不以貴賤貧富爲之高下者** : '不A者'패턴으로 'A하지 않는 것'으로 풀이한다.

천하天下의 일 가운데 귀천貴賤과 빈부貧富로 높고 낮음으로 삼지 않는 것은 오직 문장文章뿐이다.

054 傳曰 在南爲橘이요 在北爲棖이라하니
蓋草木非其土면 莫遂其性이라 -《破閑集》

【훈음】 **橘** 귤 **귤** **棖** 등자나무 열매 **정** **蓋** 덮을 **개** **遂** 드디어 **수** ; (≒成) 이루다, 얻다
【어휘】 **傳** : 《주례周禮》와 《안자晏子》에 보인다.

- **莫A** : A할 수 없다

전傳에 이르기를 '남쪽에 있으면 귤이 되고 북쪽에 있으면 등자나무 열매가 된다.'고 하였으니, 대체로 풀이나 나무는 그 토양이 아니면 그 본성을 얻을 수 없는 것이다.

055 況人主之用人을 毋論遠近疎戚하여 結之以恩愛하고 養之以祿秩하면 則安有不盡忠竭誠하여 以補國家者哉리요 -《破閑集》

【훈음】 **況** 하물며 **황** **毋** 말 **무** **疎** 성길 **소** **戚** 친척 **척** **祿** 녹 **록** **秩** 차례 **질** **竭** 다할 **갈**

補 도울 보

【어휘】 人主 : 임금. •祿秩 : 녹봉과 벼슬자리. •毋論 : 따지지 않다.

• 況A哉 : 하물며 A이겠는가
• A則B : A하면 B하다
• A以B : A로써 B하다
• 安有A者哉 : 어찌 A한 자가 있겠는가

하물며 임금〔人主〕이 사람을 쓰는 것을 멀거나 가깝거나, 소원疏遠하거나 친親하거나를 따지지 않고서 은혜와 사랑으로 결속結束하고 녹봉祿俸과 관직官職으로써 돌본다면 어찌 충성을 다하여 국가를 돕지 않는 자가 있겠는가.

056 花笑檻前聲未聽이요 鳥啼林下淚難看이라 -《破閑集》

【훈음】 檻 난간 함　啼 울 제　淚 눈물 루

【어휘】 林下 : 숲 아래. 곧 조용하고 그윽한 숲 속을 뜻함.

꽃이 난간欄干 앞에서 웃고 있지만 〈웃는〉 소리를 들을 수 없고,
새가 숲 속에서 울고 있지만 눈물을 보기 어렵네.

이인로의 대구 짓기

내가 8, 9살 때에 한 늙은 선비를 따라 책 읽는 것을 배웠다. 일찍이 옛사람의 경구警句를 가르쳐주며 읽어주었는데, 경구에 이르기를 '꽃이 난간 앞에서 웃고 있지만 〈웃는〉 소리를 들을 수 없고, 새가 숲 속에서 울고 있지만 눈물을 보기 어렵네.'라고 하였다.

내가 말하기를, "마지막 부분은 '버들이 문 밖에서 찡그리고 있지만 〈찡그리는〉 의미를 알기 어렵네.〔柳嚬門外意難知〕'만 같지 못합니다."라고 하니, 시구의 말이 매우 적절하고 말의 의미가 매우 교묘하여, 늙은 선비가 매우 놀랐다. -《破閑集》

057 智者見於未形하나 愚者謂之無事하여 泰然不以爲憂라 -《破閑集》

【훈음】 智 지혜 지　愚 어리석을 우　謂 이를 위

【어휘】 泰然 : 편안함. 마음이 안정됨을 형용하는 말이다.

• A者 : A한 사람
• (A)以爲B : (A를) B로 삼다

지혜智慧로운 자는 형상形象이 이루어지기 전에 보지만, 어리석은 자는 아무 일 없다고 여겨 태연泰然하게 근심으로 삼지 않는다.

058 **家傳清白無餘物**이요 **只有經書萬卷存**이라 -《補閑集》

【훈음】 只 다만 지 經 글 경 卷 책 권

【어휘】 **清白** : 청렴결백清廉潔白함을 이르는 말. • **經書** : 성인의 언행과 기르침을 적은 사서四書나 오경五經 등의 책.

• **只有經書萬卷存** : '只'는 '단지 ~일 뿐이다'로 풀이한다. '存'은 '보존되다'로 풀이한다.

집안은 청백清白을 전하여 남겨놓은 재물財物이 없고, 다만 경서經書 만권이 보존되어 있을 뿐이다.

059 **人恥呼爲畜**한대 **公然負大恩**이라 **主危身不死**면 **安足犬同論**고

-《補閑集》

【훈음】 恥 부끄러울 치 畜 짐승 축 負 질 부 ; 저버리다

【어휘】 **公然** : 세상世上에서 다 알도록 뚜렷하고 떳떳함.

• **人恥呼爲畜** : '爲'는 '~이다'로 풀이한다.
• **安足犬同論** : '安足'은 '어찌 ~할 수 있겠는가'로 풀이한다.

사람들은 짐승이라 불리는 것을 부끄러워하면서도,
떳떳하게 큰 은혜恩惠를 저버린다네.
주인이 위태로울 때에 자기 몸을 바치지 않는다면,
어찌 개와 함께 논할 수 있겠는가.

오수 獒樹

김개인金盖仁은 거녕현居寧縣 사람이다. 개 한 마리를 길렀는데 매우 예뻐하였다. 일찍이 하루는 김개인이 밖으로 나가는데, 개가 또한 그를 따라갔다. 김개인이 술에 취하여 길옆에 누워서 자는데, 들에 불이 나서 장차 번지려 하자 개가 곁에 있는 냇가에서 몸을 적셔서 왔다

갔다 하면서 김개인의 주위를 둘러 풀과 잔디를 적시어, 불길을 끊어놓고서 기운이 다하여 죽었다.

김개인이 이에 깨어나서 개가 행한 자취를 보고 슬프고 감동하여, 노래를 지어 슬픔을 기록하고 무덤을 만들어 개를 장사 지낸 뒤에 지팡이를 꽂아 표지를 삼았다. 그 뒤 지팡이가 자라서 나무가 되었으므로, 그 땅을 오수獒樹(개 오, 나무 수)라고 하였다. -《補閑集》

060 士以勢力進이면 鮮克有終하나니 以文行達이라야 乃爾有慶하리라

-《補閑集》

【훈음】 鮮 고울 **선** 克 이길 **극** ; 능하다 爾 너 **이** ; 어조사
【어휘】 **乃爾** : 비로소.

- **以AB** : A로써 B하다
- **鮮克有終** : '鮮'은 '적다'라는 뜻으로 여기서는 '없다'로 풀이하였다. '克'은 '能'과 같이 '~할 수 있다'로 풀이한다. '有終'은 '끝이 있음'의 뜻으로, 여기서는 '좋은 끝맺음' 즉, '좋은 죽음'으로 풀이하였다.

선비가 세력으로 나아가면 좋은 죽음(有終)을 맞이할 수 없나니,
문장文章과 행실行實로 통달했을 때에야 비로소 경사慶事가 있을 것이다.

061 屈而不伸이면 則無以持其靜이요
伸而不屈이면 則無以存其動이니라 -《稼亭集》〈敬父說〉

【훈음】 屈 굽힐 **굴** 伸 펼 **신** 持 가질 **지** 靜 고요할 **정**

- **A則B** : A하면 B하다 • **無以A** : A할 수 없다 / A할 방법이 없다
- '無以A'는 '無所以A'의 축약형으로 보며, 'A할 수 없다' 또는 'A할 방법/까닭이 없다'로 풀이한다. 이때의 '以'는 '所以'이므로 '까닭, 방법, 도구' 등을 의미한다.

굽히기만 하고 펴지 않으면 그 고요함을 지킬 수 없고,
펴기만 하고 굽히지 않으면 그 움직임을 보존할 수 없다.

062 蓋責善輔仁하여 而能致乎人倫之懿者는
皆朋友之力也니라 -《稼亭集》〈義財記〉

【훈음】 蓋 대개 개 輔 도울 보 懿 아름다울 의
【어휘】 責善 : 선행을 권면함. • 輔仁 : 인仁을 도움.

• A而B : A하여 B하다 • A之B : A의 B • 能A者 : A할 수 있는 것

대개 선善을 권하고〔責善〕 인仁을 보완하여 인륜人倫의 아름다움에 이를 수 있게 하는 것은 모두 붕우朋友의 힘이다.

063 苟自反而信之면 天地鬼神이 將信之하리니
吾於人何慮之爲오 -《稼亭集》〈釋疑〉

【훈음】 苟 만약 구 鬼 귀신 귀 慮 생각할 려

• 苟A : 만약 A라면 • A於B : A가 B에 대해서
• 吾於人何慮之爲 : '於'는 '~에 대해서(있어서)'로 풀이하고, '之'는 목적격조사로 보아 '~을'로 풀이한다.

만약 스스로 돌아보아 신실信實하기만 하다면, 천지天地와 귀신鬼神도 장차 나를 믿어줄 텐데, 내가 사람들에 대해서야 무슨 염려念慮를 하겠는가.

064 仲尼曰 水哉水哉라하니 將俾學者朝夕觀之하여 取法乎源泉
混混不舍晝夜之意云耳라 -《稼亭集》〈金海府鄕校水軒記〉

【훈음】 仲 버금 중 尼 여승 니 俾 하여금 비 源 근원 원 混 섞을 혼 舍 버릴 사 ; 쉬다
【어휘】 源泉 : 근원이 있는 물. • 混混 : 물이 도도히 쉼 없이 흐르는 모양.

• 俾AB : A로 하여금 B하게 하다 • A哉 : A여!
• 云耳(=云爾) : 문장 끝에 쓰이어 '~라고 말할 뿐이다, ~라고 하다'는 뜻을 나타낸다. 보통 인용문의 뒤에서 가상의 말을 표시한다.

중니仲尼(공자孔子)가 "물이여, 물이여.〔水哉水哉〕"라고 말하였으니, 장차 학자學者들로 하여

금 아침저녁으로 〈이 물을〉 보면서, 근원根源이 있는 샘물은 쉼 없이 흘러나와 낮이고 밤이고 그치지 않는 것을 본받게 하려는 뜻을 취하라고 말한 것뿐이다.

065 余聞信之於人大矣라
爲臣而無信이면 不能忠이요
爲子而無信이면 不能孝니
未有無信而能爲人者也라 -《稼亭集》〈金剛山普賢菴法會記〉

【훈음】 余 나 여

• A之於B : A가 B에 있어서 • 未有A者也 : A한 사람은 있지 않다
• 未有無信而能爲人者也 : '未'가 사용된 문장은 '아직 ~않다'의 진행형 의미이므로 종결사 '也'가 사용된다. '矣'는 완료형 문장인 경우 사용한다.

나는 '신의信義가 사람에게 있어서 큰 〈덕목德目이다〉'라고 들었다.
신하臣下가 되어서 신의가 없으면 충성忠誠할 수가 없고, 자식이 되어서 신의가 없으면 효도孝道할 수가 없으니, 신의가 없으면서 사람 노릇을 할 수 있는 자는 아직 있지 않았다.

066 凡爲事에 當利於物而便於人이니
爲己而求福者末也라 -《稼亭集》〈刱置金剛都山寺記〉

【훈음】 凡 무릇 범 爲 할 위 當 마땅 당 福 복 복

• A於B : B에 A하다 • A者B也 : A는 B이다

무릇 일을 함에 마땅히 만물萬物에 이롭고 사람에게 편리便利하여야 하니, 자기만을 위해서 복福을 구하는 것은 하찮은 일(末)이다.

067 抑嘗觀컨대 積善積惡에 殃慶類至한대

若不在身이면 必在其子孫이라 -《稼亭集》〈韓國公鄭公祠堂記〉

【훈음】 抑 누를 억　嘗 일찍이 상　積 쌓을 적　殃 재앙 앙　類 무리 류
【어휘】 殃慶 : 재앙과 경사를 아울러 이르는 말.

- 若不A 必B : 만약 A하지 않으면 반드시 B할 것이다
- 抑嘗觀 : 문장의 앞에 쓰인 '抑'은 '그리고', '그러나', '그래서', '아니면' 등의 풀이로 쓰인다.

그리고 일찍이 살펴보건대, 선善을 쌓고 악惡을 쌓음에 따라 재앙災殃과 경사慶事가 〈선악善惡의〉 종류대로 이르는데, 만약 자신(身)에게 〈재앙과 경사가〉 있지 않으면 반드시 그 자손子孫에게 〈재앙과 경사가〉 있게 된다.

068 人子之事親에 合於理而盡於心이면 斯謂之孝라

-《稼亭集》〈大元贈奉訓大夫遼陽等處行中書省左右司郎中飛騎尉遼陽縣君趙公墓塋記〉

【훈음】 斯 이 사　謂 이를 위
【어휘】 人子 : 자녀. 자식.

- A之B : A가 B함　　• A斯B : A하면 B하다　　• 謂之A : 그것을 A라고 한다
- 斯謂之孝 : '斯'는 가정의 의미인 '~하면'으로 풀이한다.

자식이 어버이를 섬길 때, 도리道理에 합당合當하게 하고 마음을 극진히 하면, 그것을 효孝라고 한다.

069 君借力於民以尊富요 臣借勢於君以寵貴라 -《稼亭集》〈借馬說〉

【훈음】 尊 높을 존　借 빌릴 차　寵 사랑할 총　貴 귀할 귀

- A於B : B에게 A하다
- 君借力於民以尊富 : '以'는 '而'와 같은 의미로 '그래서'의 뜻으로 풀이한다.

임금은 백성에게 힘을 빌려서 존귀尊貴하고 부유富裕해지고, 신하臣下는 임금에게 권세權勢를 빌려서 총애寵愛를 받고 귀貴해진다.

070 **勤則爲君子**요 **惰則爲小人**이라
勤則可至於富貴요 **而惰則卒至於貧賤**이라 -《稼亭集》〈題勤說後〉

【훈음】 **惰** 게으를 **타** **賤** 천할 **천**
【어휘】 **君子** : 덕망이 높고 인품이 뛰어난 사람. • **小人** : 식견이 얕고 좁은 사람.
• **卒至** : 갑자기 이르다.

• **A則B** : A하면 B하다 • **A於B** : B에 A하다

부지런하면 군자君子가 되고, 게으르면 소인小人이 된다. 부지런하면 부귀富貴에 이를 수 있고, 게으르면 갑자기 빈천貧賤에 이르고 만다.

071 **法者所以行其政**이나
人法並用도 **又政之善者也**라 -《稼亭集》〈送揭理問序〉

【훈음】 **並**(=竝) 나란히 **병** 【어휘】 **所以** : 도구.

• **A之B者** : A 중에 B한 것

법法은 바른정치政治를 행하기 위한 것이나, 인정人情과 법法을 함께 쓰는 것도 정치 중에 최선이다.

072 **君子之教**는 **反古復始**니
蓋不忘其所由生이라 -《稼亭集》〈賀崔寺丞登第詩序〉

【훈음】 **蓋** 덮을 **개** 【어휘】 **所由** : 유래由來. 근원根源.
【해설】《예기禮記》에 "군자가 옛날로 돌아가 추모하고 처음을 돌이켜 제사함은 자기가 태어난 근원을 잊지 않고자한 것이다.〔君子反古復始 不忘其所由生也〕"를 인용한 글이다.

군자君子의 가르침은 옛날로 돌아가 〈추모追慕하고〉 처음을 돌이켜 〈제사祭祀 지내는 것이니〉, 대개 자기가 태어난 근원根源을 잊지 않게 하려고 한 것이다.

073 夫竹之爲物은
淸而無累하고 貞而不變하고 虛而有容하고 直而不倚하니
古之賢人君子가 無不愛之라 -《謹齋集》〈臨瀛公館墨竹屛記〉

【훈음】 累 여러 루 ; 더럽히다 貞 곧을 정 ; 굳다 變 변할 변 倚 기댈 의

- A之爲B : A가 B되다 / A라는 B • 無不A : A하지 않음이 없다
- 竹之爲物 : '대나무의 사물 됨'의 직역直譯에서 '대나무라는 사물'로 풀이하였다.

대저 대나무라는 사물事物은 〈표면은〉 맑아서 더럽힘이 없고, 〈줄기가〉 굳어서 변하지 않으며, 〈속은〉 비어서 수용受容함이 있고, 똑바로 서서(直立) 기대지 않으니, 옛날의 현인賢人과 군자君子 중에 사랑하지 않음이 없었다.

074 水泉之盈科면 其出漸而其流止하고 止則滙하고 匯而淵하여
必達乎海矣리라 -《淡庵逸集》〈栗亭說〉

【훈음】 盈 찰 영 科 과목 과 ; 웅덩이 漸 점점 점 ; 흐르다 滙(=匯) 물 돌아나갈 회 淵 못 연
【어휘】 水泉 : 샘. 또는 샘물.

- A乎B : B에 A하다

샘물이 웅덩이에 가득 차면 그것이 나와 흐르다가 그 흐르는 것이 고이게 되고, 고이게 되면 돌아 흐르고, 돌아 흐르면 연못이 되어, 반드시 바다에 도달한다.

075 人而人吾면 則可喜也요
不人而不人吾면 則亦可喜也라
人而不人吾면 則可懼也요
不人而人吾면 則亦可懼也라 -《霽亭集》〈愛惡箴〉

【훈음】 喜 기쁠 희 懼 두려워할 구

• A則B : A하면 B하다
• 人而人吾 : 앞의 '人'은 '人者'로 보아 '사람다운 사람'으로 풀이하고, 뒤의 '人'은 서술어로 보아 '사람이다'로 풀이한다.

사람다운 사람이 나를 사람답다고 하면 기뻐할 만하고,
사람답지 않은 사람이 나를 사람답지 않다고 하면 또한 기뻐할 만하다.
사람다운 사람이 나를 사람답지 않다고 하면 두려워할 만하고,
사람답지 않은 사람이 나를 사람답다고 하면 또한 두려워할 만하다.

076 白日有朝暮요 青山無古今이라
一尊(준)榮辱外에 相對細論心이라 -《東文選》〈贈友人〉

【훈음】 尊(=樽) 술 그릇 **준** 細 가늘 **세** ; 자세히
【어휘】 白日 : 태양. 해. • 論心 : 마음을 터놓고 이야기하다. • 青山 : 나무가 무성한 푸른 산.
【해설】 고려 후기의 시인인 최림崔林이 친구에게 준 시로, 경박한 세정世情을 초월하여 청산青山처럼 변함없는 우정을 추구하고자 하는 마음을 담고 있다.

태양은 〈날마다〉 아침과 저녁이 있고, 청산青山은 옛날과 지금에 〈다름이〉 없구나.
한 동이 술로 〈세상〉 영욕榮辱 밖에서, 서로 마주하며 자세히 마음을 터놓고 애기해볼까.

077 逐鹿而不見山하고
攫金而不見人하고
察秋毫而不見輿薪이니
心有所專이면 而目不暇他及也라 -《益齋集》〈雲錦樓記〉

【훈음】 逐 쫓을 **축** 鹿 사슴 **록** 攫 붙잡을 **확** 毫 가는 털 **호** 輿 수레 **여** 薪 섶나무 **신**
專 오로지 **전** 暇 겨를 **가**
【어휘】 秋毫 : 가을에 털갈이를 하여 새로 돋아난 짐승의 가는 털.

• A而不B : A하면 B하지 못하다

사슴을 좇아가면 산을 보지 못하고,
금을 움켜쥐면 사람을 보지 못하고,
가는 깃털을 살피면 수레의 나뭇짐(轝薪)을 보지 못하니,
마음에 쏠리는 것이 있으면 눈이 다른 데를 볼 겨를이 없다.

078 春雨細不滴하니 夜中微有聲이라
雪盡南溪漲하니 多少草芽生이라 -《圃隱集》〈春〉

【훈음】 **細** 가늘 **세** **滴** 물방울 **적** **微** 적을 **미** **聲** 소리 **성** **漲** 물이 불을 **창** **芽** 싹 **아**
【어휘】 **多少** : 약간. 얼마쯤.

봄비 가늘어 방울 짓지 않더니, 밤중에 작게 소리가 있구나.
눈이 녹아 남쪽 시내 불었으니, 얼마쯤 풀싹은 돋아나겠지.

079 人有賢不肖智愚之相去也는 何哉오
氣質敝之於前하고 物欲拘之於後라 -《牧隱集》〈可明說〉

【훈음】 **肖** 닮을 **초** **智** 슬기/지혜 **지** **愚** 어리석을 **우** **敝** 해질 **폐** **拘** 잡을 **구**
【어휘】 **不肖** : 자식이 어버이를 닮지 아니함. 전의되어, 불효不孝한 자손이나 어리석은 사람을 이르는 말. • **相去** : 서로 떨어진 거리. 서로의 차이. • **氣質** : 사람이 태어날 때 선천적으로 부여받은 소질素質. • **物欲** : 재물을 탐내는 욕심.

• **人有賢不肖智愚之相去也** : '有' 앞에 사람이 오는 경우 주로 '~이/가'나 '~중에는'으로 풀이한다.

사람이 어질고 못남과 지혜롭고 어리석음이 서로 차이가 있는 것은 무엇 때문인가? 기질氣質이 앞에서 〈사람의 본성本性을〉 가리고, 물욕物欲이 뒤에서 〈사람의 본성本性을〉 잡아서이다.

080 **吾之德**을 **如之何則進**하며 **吾之業**을 **如之何則修**오하여 **夙夜以孜孜**면 **則其至於道也必矣**리라 -《牧隱集》〈茂珍金氏三子名字說〉

【훈음】 夙 이를 숙 孜 부지런할 자 其 그 기 ; 아마, 분명
【어휘】 夙夜 : 아침과 저녁. 또는 아침부터 밤까지. • 孜孜 : 부지런하다.

- 如之何 : 어떻게 하는가
- 吾之德 如之何則進 : '如之何'의 '之'는 '吾之德'을 뜻하므로 '나의 덕이 어찌하면 향상되며'로 풀이하여야 하나, 우리말은 문장의 주어가 사람이 아닌 것이 오는 경우를 꺼리므로 '나의 덕을 어떻게 하면 향상시키며'로 풀이한다.

나의 덕을 어떻게 하면 향상시키며, 나의 공부를 어떻게 하면 닦을 수 있을까 하여 아침부터 밤까지 부지런하다면, 아마도 도道에 이를 것이 분명하다.

정몽주鄭夢周, 한국데이터산업진흥원

이색李穡, 한국데이터산업진흥원

3. 조선초기 朝鮮初期

081 衆心不一이면 無以整部伍요
衆力不一이면 無以勝敵人이니라 -《三峯集》〈正陣〉

【훈음】 衆 무리 중　整 가지런할 정　部 떼 부　伍 대오 오　敵 대적할 적
【어휘】 部伍 : 군대의 편제 단위. 군대를 이르는 말.

- 無以A : A할 수 없다

많은 〈병사의〉 마음이 하나로 뭉쳐지지 않으면 대오隊伍를 정돈整頓할 수 없고,
많은 〈병사의〉 힘이 하나로 합쳐지지 않으면 적군敵軍을 이길 수 없다.

082 賞而當其功이면 則爲善者勸하고
刑而當其罪면 則爲惡者懲矣리라 -《三峯集》〈上都堂書〉

【훈음】 勸 권할 권　刑 형벌 형　罪 허물 죄　惡 악할 악　懲 징계할 징

- 爲A者 : A하는 사람
- 賞而當其功 : '而'가 접속사로 쓰인 경우, '而'의 앞과 뒤는 서술어가 제시된다. 따라서 '賞'은 '상'으로 풀이하지 않고 '상을 주다'로 풀이한다.

상賞을 주는데 그 공功에 합당合當하면 선善을 하는 자가 권장勸奬될 것이고,
벌罰을 내리는데 그 죄罪에 합당하면 악惡을 하는 자가 징계懲戒될 것이다.

CV174271

083 孝爲百行之源也니
人得養生喪葬之宜하여 以盡事親之道라야
然後可謂孝也니라 -《雙梅堂先生文集》〈魚進士孝行序〉

【훈음】 百 일백 백 ; 모두 葬 장사 지낼 장 宜 마땅할 의 事 일 사 ; 섬기다 謂 이를 위
【어휘】 養生 : 부모를 생전에 잘 봉양하다.

• A然後 可B : A한 뒤에야 B할 수 있다

효도孝道는 모든 행실行實의 근원根源이다.
사람으로서 살아계실 때에 〈부모를〉 봉양奉養하고 〈돌아가시면〉 장례 치르는 일에 마땅함을 얻어서 어버이 섬기는 도道를 다한 뒤에야 효孝라고 말할 수 있다.

084 公則不私하고 心淸無欲하여
事出至當이니 是謂正直이라 -《陽村集》〈題四字銘 示兒子吉川君跬〉

【훈음】 直 곧을 직

• A則B : A하면 B하다 • A 是謂B : A, 이것을 B라고 이르다

공정公正하면 사사롭지 않고, 마음이 맑고 욕심이 없어
일이 지극히 당연한 데서 나오니, 이것을 정직貞直이라 이른다.

085 適遐自邇오 升高自卑라
萬里之往이 一擧足時니
愼勿却步하고 求至於斯니라 -《陽村集》〈近峯銘〉

【훈음】 適 갈 적 遐 멀 하 邇 가까울 이 升(=昇) 오를 승 里 마을 리 ; 길이 단위 擧 들 거
愼 삼갈 신 却 물러날 각
【어휘】 一擧 : 한 번 행동하다. • 却步 : 어떤 위치 또는 일 따위로부터 뒤나 옆으로 물러서다.

• 自A : A로부터 • 勿A : A하지 말라 • A於B : B에서 A하다

먼 곳을 가려면 가까운 곳에서 〈시작하고〉, 높은 데 오르려면 낮은 데서 〈시작한다〉.
만 리 를 가는 것이 한 번 발을 떼는 때에서 〈시작하니〉
삼가 물러서지 말고 그곳에 이르기를 구하라.

086 操則存하고 捨則亡者는 此心也라 -《陽村集》〈崔子固說後〉

【훈음】 **操** 잡을 **조** **捨** 놓을 **사**
【해설】 이 문장은 "공자께서 말씀하시기를 '잡으면 보존되고 놓으면 없어져서 나가고 들어옴이 일정한 때가 없으며, 어디로 갈지 그 방향을 알 수 없는 것은 오직 사람의 마음을 두고 말한 것이다.'라고 하셨다.〔孔子曰 操則存 舍則亡 出入無時 莫知其鄉 惟心之謂與〕《맹자孟子》〈고자 상告子上〉"라고 한데서 인용한 말이다.

- **A則B** : A하면 B하다

잡고 있으면 보존保存되고 놓으면 잃는 것, 이것이 마음이다.

087 始也以善補過면 終焉入於無過之地矣리라 -《春亭集》〈孝寧大君字說〉

【훈음】 **補** 도울 **보** **過** 허물 **과**

- **A也** : A 때에 • **以AB** : A로써 B하다 • **A焉** : A 때에
- **始也** : '처음에'의 뜻이다. '也'는 강조를 나타내는 어조사로 사용되었다.
- **終焉** : '마침내, 끝내'의 뜻이다. 이때 '焉'은 시간을 나타내는 어조사로 사용되었다.

처음에 선善으로 허물을 보완補完하면, 끝내는 허물이 없는 데에 들어가게 된다.

088 哲人之愚는 默焉而其心已融하여
不愚而愚하고 有焉若無니라 -《朴先生遺稿》〈愚箴〉

【훈음】 **哲** 밝을 **철** **愚** 어리석을 **우** **默** 묵묵할 **묵** **融** 녹일 **융** ; 통하다
【어휘】 **哲人** : 지혜가 뛰어난 사람.

- **A若B** : A는 B와 같다

> • **哲人之愚** : 철인哲人은 안회顏回를 지칭한다. 《논어》〈위정〉의 공자께서 말씀하시길, "'내가 안회와 종일토록 이야기해 보니, 내 말을 어기지 않는 것이 어리석은 사람인 것 같았다. 그러나 물러간 뒤에 그의 사생활을 살펴보니, 내가 말한 바의 이치를 충분히 드러내 밝히니, 안회는 어리석지 않구나!'라고 하셨다. 〔子曰 吾與回言終日 不違如愚 退而省其私 亦足以發 回也不愚〕"는 말을 참조하였다.

철인哲人의 어리석음이란, 묵묵하지만 그 마음은 이미 밝아서
어리석지 않으나 어리석은 듯하고, 있는데도 없는 듯하다.

089 治體之汙隆은 繫乎人材之盛衰하고 人材之盛衰는 關乎學校之興廢니라 -《太虛亭集》〈仁川鄕校重修記〉

【훈음】 汙 더러울 오 ; 낮다 隆 높을 륭 繫 맬 계 衰 쇠할 쇠 廢 폐할 폐
【어휘】 **治體** : 나라를 다스리는 강령이나 요지. • **汙隆** : 내리고 오름. 쇠퇴와 융성.
• **盛衰** : 흥성함과 쇠퇴함.

> • **A之B** : A의 B • **A乎B** : B에 A하다

다스리는 체제의 쇠퇴함과 융성함은 인재人材의 성盛·쇠衰에 매여 있고, 인재의 성함과 쇠함은 학교 교육의 흥興·폐廢에 관계되어 있다.

090 苟學矣이나 不力行이면
雖讀書萬卷이라도 亦無所用이니라 -《保閑齋集》〈勸學第三〉

【훈음】 卷 문서 권

> • **雖A** : 비록 A라도 • **無所A** : A할 곳이 없다
> • **苟學矣** : '矣'는 이미 배웠음을 나타내는 완료의 의미로 사용되었다.
> • **無所用** : '쓸 곳이 없다'로 풀이한다.

만약 배우더라도 힘써 행하지 않으면 비록 읽은 책이 만 권이라도 또한 쓸 곳이 없다.

091 古諺云 一人善射에 百夫決拾(습)이라하니 言效之者衆也라 -《佔畢齋集》〈與密陽鄉校諸子書〉

【훈음】 諺 속담 언 射 쏠 사 決 결단할 결 ; 깍지 拾 주울 습 ; 활팔찌
【어휘】 決拾 : 활을 쏠 때 오른손 엄지에 끼는 깍지와 왼팔 소매를 묶는 팔찌.

옛 속담에 이르기를 "한 사람이 〈활을〉 잘 쏘면, 백 사람이 깍지와 팔찌(決拾)를 〈낀다.〉" 라고 하였으니, 그 사람을 본받는 자가 많음을 말한 것이다.

신숙주申叔舟, 한국데이터산업진흥원

092 輕은 當矯之以重하고 急은 當矯之以緩이니라 -《泛虛亭集》〈自警銘〉

【훈음】 輕 가벼울 경 矯 바로잡을 교 緩 느슨할 완

• A之以B : B로써 (그것을) A하다

경박輕薄함은 마땅히 진중함으로써 고쳐야 하고,
조급躁急함은 마땅히 느긋함으로써 고쳐야 한다.

093 學業은 在汝篤志與否니
志篤이면 則何患業不進이리오 -《退溪集》〈家訓〉

【훈음】 汝 너 여 篤 도타울 독 【어휘】 與否 : 그러함과 그러하지 아니함.

• A則B : A하면 B하다

학업學業은 '네가 뜻을 돈독敦篤히 했는가'의 여부與否에 달려 있으니,
뜻이 돈독하면 어찌 학업이 나아가지 못함을 근심하겠는가?

094 不能舍己從人은 學者之大病이라
天下之義理無窮이어늘 豈可是己而非人이리오 -《退溪集》〈類編〉

【훈음】 舍(≒捨) 버릴 사 窮 다할 궁 豈 어찌 기 是 옳을 시

• 不能A : A할 수 없다 • A之B : A의 B • 豈可A : 어찌 A할 수 있겠는가?

자기를 버리고 남을 따를〔舍己從人〕 수 없는 것은 학자學者의 큰 병폐病弊이다.
천하天下의 의리義理는 무궁無窮한 것인데, 어찌 자기를 옳다고 하고 남을 그르다고 할 수 있겠는가?

095 師生之間에 尤當以禮義로 相先이니
師嚴生敬하여 各盡其道니라 -《退溪集》〈諭四學師生文〉

【훈음】 尤 더욱 우 當 마땅 당 嚴 엄할 엄 盡 다할 진
【어휘】 師生 : 스승과 학생.

• 以AB : A로써 B하다

스승과 학생學生 사이에는 더욱 마땅히 예의禮義를 서로 앞세워야 하니
스승은 〈학생에게〉 엄嚴하고 학생은 〈스승을〉 공경恭敬하여 각자 그 도리道理를 다해야 한다.

096 若因一困拂하여 而遽喪其所守면
則不可謂之士矣라 -《退溪集》〈答金應順〉

【훈음】 困 곤할 곤 拂 떨칠 불 ; 어긋나다 遽 갑자기 거
【어휘】 困拂 : 어려움. 곤란. 본래 困窮咈鬱의 줄임말로 '난처하고 딱하며 분하고 답답함'이라는 뜻이다.

- 若A則 : 만약 A한다면
- 因A而B : A로 인하여 B하다
- 謂之A : 그를 A라고 말하다

만약 한 번 어려움으로 인하여 갑자기 자신이 지키던 것(志操)를 잃는다면, 그를 선비(士)라고 말할 수 없다.

097 夫士生於世하여
或出或處하며 或遇或不遇로대
歸潔其身하며 行其義而已요
禍福은 非所論也니라 -《退溪集》〈答奇明彦〉

【훈음】 或 혹 혹 遇 만날 우 歸 결국 귀 潔 깨끗할 결 禍 재앙 화

- 或A 或B : 혹은 A하고 혹은 B하다
- A而已 : A일 뿐이다
- 行其義而已 : '~而已'는 주로 문장의 끝에서 한정종결사로 사용된다. '~일 뿐이다'로 풀이하며 '耳', '爾', '已', '而已矣' 등이 사용되기도 한다.

선비(士)가 세상에 태어나,
혹은 〈벼슬길에〉 나아가기도 하고 혹은 〈초야草野에〉 은거隱居하기도 하며,
혹은 〈성군聖君의 시대를〉 만나기도 하고 혹은 만나지 못하기(不遇)도 하지만,
결국에는 그 몸을 깨끗이 하고 그 의義를 행할 뿐이요,
재앙災殃과 복福은 논論할 것이 아니다.

098 學要勤이요 且須成誦하여 不可放過니

讀而思하고 思而作을 皆要勤하여

又不可廢一이니라 -《高峯集》〈過庭記訓〉

【훈음】 要 요긴할 요 ; 반드시 誦 욀 송 作 지을 작 廢 폐할 폐

【어휘】 放過 : 버리다. 포기하다. • 成誦 : 암송하다.

• 不可A : A해서는 안 된다 • A而B : A하면서 B하다

학문學問은 반드시 부지런해야 하고, 또 모름지기 외워야 하며, 포기해서는 안 된다. 읽으면서 생각하고, 생각하면서 짓는 것을, 모두 반드시 부지런히 해야 하며, 또 〈그중에〉 한 가지라도 폐廢해서는 안 된다.

099 行有淺深하여 因跡而著하고

跡有異同하여 因心而見(현)이라 -《高峯集》〈失題〉

【훈음】 跡 자취 적 著 드러날 저 見 볼 견 ; (≒現) 드러날 현

• 因A而B : A로 인하여 B하다

행동行動에는 얕고 깊은 것이 있는데 행적行跡으로 인因하여 드러나고, 행적에는 같고 다른 것이 있는데 마음으로 인하여 드러난다.

100 何謂處世之道아

窮不失義하고 達不離道요

而用捨不隨乎時하고 行藏惟其所宜也라 -《高峯集》〈失題〉

【훈음】 窮 다할 궁 ; 곤궁하다 達 현달할 달 離 떠날 리 捨 버릴 사 隨 따를 수 藏 감출 장

【어휘】 行藏 : 나서서 도道를 행함과 물러나서 숨는 일. 또는 세상에 나가 벼슬함과 물러나 은거함.

• 何謂A : 무엇을 A라고 말하는가? • A乎B : B를 A하다

무엇을 처세處世의 도道라고 이르는가?
곤궁困窮해도 의義를 잃지 않고, 현달顯達해도 도道를 떠나지 않으며,
쓰이고 버림받는 것(用捨)은 시기時機를 따르지 않고, 〈도를〉 행行하거나 은거隱居하는 것은 오직 그 마땅한 대로만 하는 것이다.

101 群輕折軸하고 積羽沈舟라 -《高峯集》〈三解〉

【훈음】 群 무리 군 折 꺾을 절 軸 굴대 축 積 쌓을 적 羽 깃 우 沈 잠길 침 舟 배 주

가벼운 물건도 많아지면 수레의 굴대를 부러뜨리고, 새털도 쌓이면 배를 침몰沈沒시킨다.

102 一家之人이 務相雍睦하여 其心和平이면
則家內吉善之事 必集이리라 -《栗谷全書》〈海州一鄕約束〉

【훈음】 雍 화할 옹 睦 화목할 목 集 모일 집
【어휘】 雍睦 : 화목함. • 吉善(=吉祥) : 좋은 일이 있을 징조.

• A之B : A의 B • A則B : A이면 B하다
• 一家之人 : '온 집안의 사람' 즉 '온 가족'을 뜻한다.

온 가족이 서로 화목和睦하기를 힘써 그 마음이 화평和平하면,
집안에 길한 일들이 반드시 모일 것이다.

103 志之立 知之明 行之篤이
皆在我耳니 豈可他求哉리오 -《栗谷全書》〈擊蒙要訣〉

【훈음】 篤 독실할 독 耳 귀 이 ; 뿐 豈 어찌 기 哉 어조사 재

• A耳 : A일 뿐이다 • 豈A哉 : 어찌 A하겠는가?
• 志之立 知之明 行之篤 : 여기서 '之'는 ① 주격조사 '~이/가'로 풀이하여 '뜻이 서는 것, 앎이 명확한 것, 행동이 독실한 것', ② 관형격조사 '~의'로 풀이하여 '뜻의 확립, 지혜의 명확함, 행동의 독실함, ③ 목적격조사 '~을/를'로 풀이하여 '뜻을 확립하는 것, 앎을 명확히 하

는 것, 행동을 독실하게 하는 것' 세 가지로 풀이할 수 있다.

뜻〔志〕이 서고, 지혜智慧가 밝아지고, 행동行動이 독실篤實해지는 것은 모두 나에게 달려 있을 뿐이니, 어찌 다른 데서 구하겠는가?

104 凡讀書에 必熟讀一冊하여 盡曉義趣하여
貫通無疑然後에 乃改讀他書니라 -《栗谷全書》〈擊蒙要訣〉

【훈음】 熟 익힐 숙 冊 책 책 曉 밝을 효 趣 의도 취
【어휘】 熟讀 : 반복하여 자세히 읽음. • 義趣 : 뜻과 취지趣旨.

• A然後 乃B : A한 뒤에야 B하다

무릇 독서讀書에 반드시 한 권의 책을 자세히 읽어서 뜻과 취지를 다 깨우쳐서 꿰뚫어 통달通達하여 의심이 없게 된 뒤에야 이에 다른 책으로 바꾸어 읽는다.

105 人之過失은 多由言語라 -《栗谷全書》〈學校模範〉

【훈음】 過 과실 과 由 말미암을 유

사람의 과실은 말〔言語〕에서 말미암은 것이 많다.

106 曉起하야 思朝之所爲之事하고
食後에 思晝之所爲之事하고
就寢時에는 思明日之所爲之事하라 -《栗谷全書》〈自警文〉

【훈음】 曉 새벽 효 寢 잠잘 침

• A之B : A의 B
• 思朝之所爲之事 : '之'는 관형격조사로 '~의'로 풀이하여야 하나 문맥을 고려하여 앞의 '之'는 '~에'로 풀이하였고 '所爲之事'는 '할 바의 일'로 풀이되나 필요 없는 부분을 삭제하여 '할 일'로 풀이한다.

새벽에 일어나서 아침에 할 일을 생각하고, 식후食後에는 낮에 할 일을 생각하며 취침시就寢時에는 내일 할 일을 생각하라.

107 古之人은 遭患難하면 則學益進 智益明한대
今之人은 遭患難하면 則反是라 -《蘇齋集》〈答退溪書〉

【훈음】 遭 만날 조 ; 당하다

- A則B : A하면 B하다

옛날 사람은 환난患難을 당하면 학문學問이 더욱 진보進步되고 지혜智慧가 더욱 밝아졌는데, 요즘 사람은 환난을 당하면 이와 반대가 된다.

108 黃卷中에 自有嚴師畏友어늘 讀之者가 例以陳言看了라
故로 竟沒得力處니라 -《覺齋先生文集》〈答許民瑞濩書〉

【훈음】 自 스스로 자 ; 당연히 例 법식 예 了 마칠 료 沒 잠길 몰 ; 없다
【어휘】 黃卷 : 책. 서적. 책이 좀먹는 것을 막기 위하여 종이를 황벽나무 잎으로 물들인 데서 나온 말.

- 以AB : A로써 B하다
- 自有嚴師畏友 : '自'는 '저절로, 당연히'의 의미로 사용되었다.
- 竟沒得力處 : '沒'은 '無'의 뜻으로 '없다'는 의미이다.
- 了 : 동사나 형용사 뒤에 쓰여 완결을 나타낸다.
- 沒 : 보통 '잠기다'의 뜻으로 사용되나 '않다, 없다, ~하지 마라, 해서는 안 된다' 등의 부정과 금지를 뜻하기도 한다.

책 속에 절로 엄嚴한 스승과 무서운 벗이 있거늘 책을 읽는 사람이 의례적으로 진부陳腐한 말로 간주看做한다. 그러므로 마침내 힘을 얻을 곳이 없다.

109 忠義所激에 弱可使强이요 寡可敵衆이니
只在一轉移之間耳라 -《鶴峯全集》〈招諭一道士民文〉

【훈음】 **激** 격할 **격** **轉** 구를 **전** 【어휘】 **轉移** : 옮기다 또는 고치다.

- **使A** : A하게 하다
- **只A耳** : 단지 A일 뿐이다

충의忠義가 북받치면, 약한 자도 강하게 할 수 있고 적은 사람으로 많은 이를 대적하게 할 수 있으니, 단지 〈마음을〉 한 번 고침의 차이에 달려 있을 뿐이다.

110 **莫仁者天**이나 **而莫威者亦天也**며 **可恃者天**이나 **而不可恃者亦天也**니라 -《鶴峯全集》〈請遇災修省箚〉

【훈음】 **威** 위엄 **위** ; 두려워하다 **恃** 믿을 **시**

【해설】 임금이 비록 도道를 잃은 잘못이 있더라도, 반성反省하고 고치면 하늘의 마음을 돌릴 수 있기 때문에 하늘이 어질고 믿을 수 있다는 것이다. 반대로 임금이 반성하고 고치지 아니하면 하늘의 노여움이 심해져서 쫓겨나게 되니 하늘이 두렵고 믿을 수 없다는 것이다.

- **莫A者B** : 가장 A한 것은 B이다

가장 어진 것이 하늘이지만 가장 두려운 것 또한 하늘이며,
믿을 수 있는 것이 하늘이지만 믿을 수 없는 것 또한 하늘이다.

111 **吾平生**에 **得一語**하니
道吾過者는 **是吾師**요
談吾美者는 **是吾賊**이라 -《鶴峰全集》〈言行錄〉

【훈음】 **道** 말할 **도** **賊** 해칠 **적**

- **A者 是B** : A하는 사람은 B이다
- **是吾師** : '是'는 '~이다'로 풀이하며, '是'의 뒤에는 명사구가 제시된다.

내 평생平生에 한마디 말을 얻었으니,
나의 잘못을 말해주는 사람은 나의 스승(師)이고,
나의 장점을 말해주는 사람은 나의 적賊이다.

112 今臣戰船尙有十二하니

出死力拒戰이면 則猶可爲也니이다 -《李忠武公全書》〈行錄〉

【훈음】 船 배 선 尙 오히려 상 拒 막을 거

【해설】 1597년(선조 30) 9월 이순신李舜臣 장군將軍이 선조에게 이 문장이 들어있는 장계狀啓를 올리고 16일 명량해전에 출전해 12척의 전선戰船으로 적 함대 133척을 맞아 대파大破하였다.

• A則B : A하면 B하다

〈이순신李舜臣이 말하였다.〉

"지금 신臣에게는 전선戰船이 아직 열두 척이 있습니다.

죽을 힘을 다해 막아 싸운다면 오히려 해낼 수 있습니다."

113 必死則生이요 必生則死라 -《李忠武公全書》〈亂中日記〉

【해설】 '죽기를 각오覺悟하면 살 것이다'는 뜻으로, 이순신李舜臣 장군將軍의 임진왜란壬辰倭亂 임전훈臨戰訓이다.

• A則B : A하면 B하다
• 必死 : '必'과 같은 부사어는 서술어의 앞에 놓일 때 서술어를 꾸미는 역할을 한다.

반드시 죽고자 하면 살 것이요, 반드시 살고자 하면 죽을 것이다.

114 不足之足이면 每有餘하고

足而不足이면 常不足하니라 -《龜峯集》〈足不足〉

【훈음】 足 충분할 족

• A之B : A를 B하다

부족不足함을 족足하게 여기면 매번 남음이 있고,

족한데도 부족하다고 여기면 항상 부족할 것이다.

4. 조선중기 朝鮮中期

115 大廈將傾에 而一木扶之하고
滄海橫流에 而一葦抗之니
知其不可로대 而猶且爲之者는
分定故也니라 -《西厓集》〈圃隱集跋〉

【훈음】 廈 큰집 하 傾 기울 경 扶 붙들 부 滄 큰 바다 창 葦 갈대 위 抗 막을 항
【어휘】 大廈 : 넓고 큰 집. • 滄海 : 넓고 큰 바다.
• 橫流 : 물 따위가 제 곬을 흐르지 아니하고 옆으로 꿰져 흐름.

• A而B : A하는데 B하다 • A者 B故也 : A하는 까닭은 B 때문이다

큰 집이 장차 기울어지려는데 하나의 나무로 그것을 붙들고,
큰 바다가 넘쳐흐르는데 하나의 갈대로 그것을 막으려 하니,
그 불가不可함을 알면서도 오히려 또 그렇게 하는 까닭은 직분職分이 정해져 있기 때문이다.

116 雖危亂之際라도
人心固結則國安이요 人心離散則國危라 -《西厓集》〈年譜〉

【훈음】 際 때 제

• 雖A : 비록 A라도 • A則B : A하면 B하다
• 雖로 시작하는 문장에는 '썩 좋은 것은 아니나 그런대로 괜찮음'을 나타내는 '~라도'의 토가 붙는다.

비록 위급危急하고 어지러운 때라도 인심人心이 굳게 단결團結하면 나라가 편안便安하고,

CV174306

인심이 흩어지면 나라가 위태롭다.

117 好善을 如小人之好貨하여

充以德而潤身이니라 -《鵝溪遺稿》〈滿招損賦〉

【훈음】 潤 윤택할 윤

• A如B : A를 B처럼 하다 • A以B : B를 A하다

선善을 좋아하기를 소인小人이 재물財物을 좋아하는 것처럼 하여,

덕德을 채워서 몸을 윤택潤澤하게 하라.

118 信乎才之難悉得이요 而用之亦難盡也로다 -《惺所覆瓿藁》〈遺才論〉

【훈음】 信 미더울 신 悉 다 실

• A乎 : A하게 • A之B : A를 B하다

• 信乎 : 글자나 어휘의 뒤에 '乎'가 붙어 '그러한 상태를 나타내는' 부사형 어조사가 사용된 패턴으로 보아 '참으로'로 풀이한다.

참으로 인재를 다 〈찾아내어〉 얻기 어렵고, 등용하더라도 〈그들의 재능을〉 다하게 하기 어렵다.

허균許筠, 한국데이터산업진흥원

119 進退者身이요 存亡者位요 得喪者物이니

知此而使之不失其正者는 心乎인저 -《象村集》〈彙言〉

【훈음】 喪 잃을 상 使 하여금 사

• 使AB : A로 하여금 B하게 하다

나아가고 물러나는 것은 몸(身)이고, 있기도 하고 없어지기도 하는 것은 지위(位)이며,

얻기(得)도 하고 잃기(喪)도 하는 것은 물건物件이니,

이것을 알아 그것들로 하여금 그 바름을 잃지 않도록 하는 것은 마음이도다!

120 孰不曰知리오마는 眞知爲難이요

孰不曰行이리오마는 實行爲難이니라 -《象村集》〈彙言〉

【훈음】 孰 누구 숙

• A爲B : A는 B이다

누가 '안다'고 말하지 않겠는가마는 참으로 아는 것은 어렵고,

누가 '행한다'고 말하지 않겠는가마는 실제로 행하는 것은 어렵다.

121 欲與第一流友인댄 當先使己로 爲第一人이라 -《象村集》〈擇交篇〉

【훈음】 第 차례 제

【어휘】 一流 : 첫째 가는 지위地位.

• 與AB : A와 B하다 • 使AB : A로 하여금 B하게 하다

• 當先使己 爲第一人 : 이 문장은 사역형의 문장으로 '마땅히 먼저 자신으로 하여금 제일류의 사람이 되게 하여야 한다'로 풀이하여야 하나 문장의 어색함을 없애기 위해 '마땅히 먼저 자신이 제일류의 사람이 되어야 한다'로 풀이한다.

제일류第一流의 〈사람과〉 벗하려고 한다면,

마땅히 먼저 자신이 제일류의 사람이 되어야 한다.

122 言勿異於行하고 行勿異於言하니
言行相符를 謂之正人이요
言行相悖를 謂之小人이라 -《芝峯集》〈警語雜編〉

【훈음】 符 부합할 부 悖 어그러질 패

• 勿A : A하지 말라 • A於B : B와 A하다

말은 행동과 다르게 하지 말고, 행동은 말과 다르게 하지 말아야 하니
말과 행동이 서로 부합하는 것을 정직한 사람(正人)이라 하고,
말과 행동이 서로 어긋나는 것을 소인小人이라 한다.

123 衣服有汚면 一洗而可除나 時習一汚면 百濯而不去니라 蓋俗由習成한대 漸染則易(이)나 變革則難이니라 -《芝峯集》〈剩說餘編 下〉

【훈음】 汚 더러울 오 除 덜 제 濯 씻을 탁 蓋 덮을 개 ; 대개 漸 점점 점 染 물들 염
變 변할 변 革 바꿀 혁

• A而 : A하여 • 由AB : A로부터 B하다 • A則B : A는 B이다

의복衣服이 오염汚染된 곳이 있으면 한번 씻어 없앨 수 있으나 시대時代의 습속習俗이 한번 오염되면 백 번 씻어도 제거除去되지 않는다. 대개 풍속風俗은 습관習慣으로부터 이루어지는데, 점차 오염되기는 쉬우나 바꾸어 개혁改革하기는 어렵다.

124 人非聖賢이면 誰能無過리오
過而能悔하여 卽當圖所以改之者는
乃終至於無過之道也니라 -《旅軒集》〈與鄭君燮〉

【훈음】 誰 누구 수 悔 뉘우칠 회 圖 꾀할 도

• 所以A者 : A하는 방법

사람이 성현聖賢이 아니고서야, 누구인들 잘못이 없을 수 있겠는가.
잘못하더라도 뉘우쳐서, 곧 마땅히 그것을 고칠 방법(所以)을 꾀하는 것이 바로 마침내 잘못이 없는 경지境地에 이를 수 있는 길이다.

125 有位之位는 其高可測이며 其大可限也요
無位之位는 其高也莫測이며 其大也不限이라 -《旅軒集》〈孔子不得位論〉

【훈음】 測 헤아릴 측 限 한정할 한

- 有位之位 : '一時之位' 즉, '한때의 현실에서 얻을 수 있는 고귀한 지위'를 뜻한다.
- 無位之位 : '萬世之位' 즉, '현실에서 얻을 수 없는 아주 오랜 세대 동안 존경을 받는 지위'를 뜻한다.

지위地位가 있는 지위는 그 높이를 헤아릴 수 있고 그 크기를 한정해볼 수 있으나, 지위가 없는 지위는 그 높이를 헤아릴 수 없고 그 크기가 한정이 없다.

126 能守其分이면 則其心必貞하고 其身必安하여
而萬福在其中矣니라 -《旅軒集》〈明分幷五段〉

- A則B : A하면 B하다
- 能守其分 : '能'은 '~할 수 있다'의 가능을 나타낸다. 가능을 나타내는 조동사로는 '能' 외에 '可, 得, 足'이 있다.

자기 분수를 지킬 수 있으면, 자기의 마음이 반드시 곧게 되고 자기의 몸이 반드시 편안便安해져서 만복萬福이 그 속에 있게 될 것이다.

127 夫以貴爲福者는 位替則賤하고
以富爲福者는 財盡則貧이니라 -《谿谷集》〈福田說〉

【훈음】 夫 지아비 부 ; 대체로 替 바꿀 체 賤 천할 천

• 以A爲B : A를 B로 삼다

대체로 귀함을 복福으로 삼는 자는 지위地位가 바뀌면 천賤하게 되고, 부유富裕함을 복으로 삼는 자는 재물財物이 없어지면 가난하게 된다.

이 이 갈

128 小器易盈이요 潢潦易渴이라 -《澤堂集》〈惡盈箴〉

【훈음】 易 쉬울 이 盈 찰 영 潢 웅덩이 황 潦 길바닥에 괸 물 료 渴 물 마를 갈
【어휘】 潢潦 : 땅 위에 고인 빗물.

작은 그릇은 차기가 쉽고, 고인 물은 마르기가 쉽다.

129 自古로 言路開而不治者 未之有也며
言路閉而不亂者 亦未之有也니라 -《浦渚集》〈因求言論時事疏〉

【어휘】 言路 : 임금이나 조정에 말을 올릴 수 있는 길을 이르는 말.

• 自A : A로부터 • 未AB : A를 B하지 않다
• 未之有也 : '부정사+대명사+서술어'의 구조로 이루어진 도치의 문장이다.

예로부터 언로言路가 열렸는데도 다스려지지 않은 경우는 아직 있지 않았으며, 언로가 닫혔는데도 어지럽게 되지 않은 경우 또한 아직 있지 않았다.

130 嗚呼라 人誰無過리오마는 過而能改면 善莫大焉이라
-《潛谷遺稿》〈因旱災求言教書〉

【훈음】 嗚 탄식할 오 呼 탄식할 호 焉 어조사 언

• 莫A焉 : 이보다 A한 것은 없다
• 焉 : 문장의 끝에 쓰인 경우 보통 '於此'의 의미로 쓰인다.

아! 사람이 누구인들 잘못이 없겠는가? 잘못하더라도 고칠 수 있다면 선善이 이보다 큰 것이 없다.

131 豈可都喪廉恥하여 知進而不知退乎리오 -《潛谷遺稿》〈辭刑曹判書疏〉

【훈음】 豈 어찌 기 都 도읍 도 ; 모두 廉 염치 염 恥 부끄러워할 치
【어휘】 廉恥 : 청렴결백하며 부끄러움을 아는 마음.

• 豈可A乎 : 어찌 A해서 되겠는가?

어찌 염치廉恥를 모두 잃어버리고서 나아갈 줄만 알고 물러날 줄을 몰라서야 되겠는가?

132 學은 必由師而明하나니
學之本은 在於尊師니라 -《春沼子集》〈原學〉

【훈음】 尊 높을 존

• 由A而B : A로 말미암아 B하다
• 學之本 : '本'은 '사물의 본질' 또는 '사물의 시작'으로 볼 수 있다. 따라서 여기서는 '시작'으로 풀이하였다.

배움은 반드시 스승으로 말미암아 밝아지니,
배움의 시작은 스승을 존경尊敬하는 것에 있다.

133 用人에 惟其賢才요
勿論其門地니라 -《磻溪隨錄》〈勿限門地〉

【훈음】 用 쓸 용 ; 등용하다 惟 오직 유 門 문 문 ; 집안 地 땅 지 ; 신분
【어휘】 門地 : 가문家門이나 문벌門閥 등을 이르는 말.

• 惟A : 오직 A일 뿐이다 • 勿A : A하지 말라

사람을 등용登用함에 오직 그 현명賢明함과 재능才能을 〈살필 뿐이요〉,
가문家門에 대해서는 논하지 말라.

134 守口則無妄言하고

守身則無妄行하고

守心則無妄動이니라 -《眉叟記言》〈三妄〉

【훈음】 妄 망령될 망

입을 지키면 망령妄靈된 말이 없고,

몸을 지키면 망령된 행위行爲가 없으며,

마음을 지키면 망령된 행동行動이 없다.

135 心之所不安은 卽病之所由生也니라 -《宋子大全》〈辭職兼陳所懷疏〉

【어휘】 所由 : 유래由來. 내력.

• A之所B : A이/가 B한 것

마음이 불안不安한 것이 곧 병病이 발생發生하는 원인原因이다.

136 莫曰無師하라 求之方策하면 有餘師矣라

莫曰無友하라 靜對黃卷하면 有其友矣라 -《芝湖集》〈諭三邑諸生文〉

【훈음】 策 책 책 靜 고요할 정 對 대할 대 卷 책 권

【어휘】 方策 : 간책簡冊. 전적典籍. 또는 사책史冊. • 餘師 : 여러 스승. • 黃卷 : 책. 서적. 책이 좀 먹는 것을 막기 위해 종이를 황벽나무 잎으로 물들인 데서 나온 말.

스승이 없다고 말하지 말라. 책에서 스승을 찾으면 여러 스승이 있을 것이다.

벗이 없다고 말하지 말라. 조용히 책을 마주하면 벗이 있을 것이다.

137 凡遇不得意事에

試取其更(갱)深者하여 譬之면

心次自然涼爽이니 此降火最速之劑니라 -《山林經濟》〈養心志〉

【훈음】 **更** 다시 **갱** ; 더욱 **譬** 비유할 **비** **凉** 서늘할 **량** **爽** 상쾌할 **상** **劑** 약제 **제**
【어휘】 **降火** : 심화心火를 가라앉힘.

무릇 뜻대로 할 수 없는 일을 만났을 때,
시험삼아 그보다 더 심한 것을 취하여 비유譬喩해보면, 마음이 차츰 자연히 상쾌爽快해질 것이니, 이것이 심화心火를 끄는 가장 빠른 약藥이다.

138 謙者는 德之基요 勤者는 事之幹이며 詳者는 政之要요 靜者는 心之體라 -《明谷集》〈示兒四德箴〉

【훈음】 **謙** 겸손할 **겸** **幹** 줄기 **간** **詳** 자세할 **상** **體** 몸 **체**

• **A者** : A는 • **A之B** : A의 B

겸손謙遜함은 덕德의 기초基礎이고, 부지런함은 일의 근간根幹이며,
세밀함은 정치政治의 요체要諦이고, 고요함은 마음의 본체本體이다.

139 在彼則知捃摭之요 在此則欲覆(부)蓋之라 -《蒼狗客日》

【훈음】 **捃** 주울 **군** **摭** 주울 **척** **覆** 뒤집을 **복** ; 덮을 **부** **蓋** 덮을 **개**
【어휘】 **捃摭** : 남을 공격할 자료를 찾아 모음. • **覆蓋** : 덮어 숨김. 가림.

• **A則B** : A이면 B하다

남에게 〈흠이〉 있으면 끄집어낼 줄을 알고, 나에게 〈흠이〉 있다면 덮으려고 한다.

5. 조선후기 朝鮮後期

140 朋友交際에 必誠必信이니
見其善則中心喜之하여 從而揚之하고
見其惡則中心憂之하여 從而規之니라 -《湛軒書》〈自警說〉

【훈음】 際 즈음 제 ; 사귀다 揚 날릴 양 ; 칭찬하다 惡 나쁠 악 規 바로잡을 규

• A則B : A하면 B하다

친구〔朋友〕를 사귈 때 반드시 진실眞實하고 반드시 믿음이 있어야 한다.
그의 착함을 보면 마음속으로 기뻐하고 뒤따라서 칭찬해주어야 하며,
그의 나쁨을 보면 마음속으로 걱정하고 뒤따라서 바로잡아주어야 한다.

141 雖有過誤라도 亦必溫言敎戒요
不可奮詈暴怒하여 以致含怨失和니라 -《湛軒書》〈自警說〉

【훈음】 誤 잘못 오 溫 부드러울 온 奮 떨칠 분 詈 꾸짖을 리 含 머금을 함
【어휘】 溫言 : 온화한 말이나 말투.

• 有A : A가 있다

비록 잘못이 있더라도, 또한 반드시 부드러운 말로 가르치고 경계警戒해야 하고,
성내어 꾸짖고 격렬하게 노여워하여 원한怨恨을 품어 화목和睦을 잃는 데에 이르게 해서는 안 된다.

CV174331

142 讀書에 必整襟肅容하고 專心易(이)氣하며
毋生雜念하고 毋主先入하라 -《湛軒書》〈自警說〉

【훈음】 整 가지런할 정 襟 옷깃 금 肅 엄숙할 숙 專 오로지 전
【어휘】 整襟 : 옷깃을 여미다. 단정한 태도를 취하다. • 肅容 : 태도를 엄숙하게 하다.
• 先入 : 선입견. • 易氣 : 격한 마음을 누그러뜨려 기색氣色을 즐겁고 편안하게 함.

• 毋A : A하지 말라

책을 읽을 때에 반드시 옷깃을 단정端整히 하고 용모容貌를 엄숙嚴肅히 하며,
마음을 집중集中하고 기운을 평안하게 하고,
잡념雜念이 생기게 하지 말고, 선입견先入見을 주로 삼지 말라.

143 古云 知得一分하고 行得一分이라하니
徒言而不行이면 言何能中理乎아 -《湛軒書》〈桂坊日記〉

【훈음】 徒 무리 도 ; 다만 中 가운데 중 ; 맞다
【어휘】 一分 : 사소한 부분. 한 부분.

• 何A乎 : 어찌 A이겠는가

옛사람이 이르기를, "한 가지를 알았으면 한 가지를 행해야 한다." 하였으니,
단지 말만 하고 행하지 않으면, 말이 어떻게 이치에 맞을 수 있겠는가.

144 以人視物하면 人貴而物賤이요
以物視人하면 物貴而人賤이요
自天而視之하면 人與物均也니라 -《湛軒書》〈醫山問答〉

【훈음】 貴 귀할 귀 賤 천할 천 均 고를 균

• 以AB : A로써 B하다 • 自A : A에서, A로부터
• 自天而視之 : '而'는 '以'와 같은 뜻으로 방위를 한정하는 역할을 한다. 즉, 원문장을 '自天

以(下)視之'로 볼 수 있다.
• 人與物 : '與'는 명사와 명사를 연결하는 접속사로 '~와/과'로 풀이한다.

사람으로 사물을 바라보면 사람이 귀하고 사물이 천하며,
사물로 사람을 바라보면 사물이 귀하고 사람이 천하며,
하늘로부터 〈사람과 사물을〉 바라보면 사람과 사물이 균등均等하다.

145 教子有五라 導其性하며 廣其志하며 養其材하며 鼓其氣하며 攻其病이니 廢一不可니라 -《下學指南》

【훈음】 導 인도할 도 廣 넓을 광 鼓 북 고 ; 북돋다 廢 폐할 폐

• 有A : A가 있다
• 導其性 : '其'는 '그'로 풀이한다. '其'가 대명사로 쓰이는 경우 '그, 그것'으로 풀이하며 그 의미에는 '3인칭을 나타내는 경우', '소유를 나타내는 경우', '자기 자신'을 나타내는 경우로 나누어 볼 수 있다. 다만, 의미가 중복이 되거나 불필요한 경우 생략하기도 한다.

자식子息을 교육教育하는 것이 다섯 가지가 있다.
그 성품性品을 이끌며 그 뜻을 넓히며, 그 재주를 기르며, 그 기상氣像을 북돋우며, 그 병통을 다스림이니, 하나라도 폐지해서는 안 된다.

146 當動而動이면 動亦無尤하고
當言而言이면 言亦無吝이라 -《蘆厓集》〈四當箴〉

【훈음】 尤 허물 우 吝 후회할 린

• A而 : A 때(에)

마땅히 움직여야 할 때에 움직이면 움직여도 허물이 없고,
마땅히 말해야 할 때에 말하면 말해도 후회가 없다.

147 與人相約會어든 必先往하나니

雖風雨라도 必不食言이니라 -《靑莊館全書》〈士小節〉

【훈음】 約 맺을 약

【어휘】 食言 : 입 밖에 낸 말을 다시 입 속에 넣음. 말에 신의가 없음을 이른다.

• 與A相B : A와 서로 B하다 • 必不A : 결코 A해서는 안 된다

• 必不食言 : '必'이 부정어의 앞에 나오는 경우이므로 전체 부정을 나타낸다. 부정어가 '不'인 경우는 '결코'로, '無'인 경우는 '전혀'로 풀이한다. 긍정문의 경우는 '반드시'로 풀이한다.

다른 사람과 서로 모일 것을 약속하였거든 반드시 먼저 가있어야 하니,

비록 비바람이 불더라도 결코 식언食言하여서는 안 된다.

148 勝於我者를 仰而慕之하고

與我同者를 愛而交相勖하고

不及於我者를 憐而敎之면

天下當太平矣리라 -《靑莊館全書》〈蟬橘堂濃笑 一〉

【훈음】 仰 우러러볼 앙 慕 사모할 모 勖 권면할 욱 憐 불쌍히 여길 련

• A於B : B보다 A하다 • 與AB : A와 B하다

나보다 나은 사람을 우러러 사모思慕하고,

나와 같은 사람을 아껴주어 사귀면서 서로 권장勸奬하고,

나에게 미치지 못한 사람을 불쌍히 여겨 가르쳐준다면,

천하는 마땅히 태평太平해질 것이다.

149 旣懲毋動하고 旣窒勿戀하며

旣改不再하고 旣遷莫變하라 -《靑莊館全書》〈自修箴〉

【훈음】 懲 징계할 징 毋 말 무 窒 막을 질 戀 그리워할 련 改 고칠 개 遷 옮길 천

• 毋A : A하지 말라

이미 〈분노를〉 징계懲戒하였으면 움직이지 말고,
이미 〈욕심을〉 막았으면 미련을 두지 말며,
이미 〈과오를〉 고쳤으면 다시 하지 말고,
이미 〈선으로〉 옮겼으면 바꾸지 말라.

150 有所挾而驕는 淺也요
無所挾而驕는 昏也라 -《靑莊館全書》〈士典 二〉

【훈음】 挾 낄 협 ; 믿고 의지하다 驕 교만할 교 昏 어두울 혼 ; 어리석다

• 所A : A한 곳, A한 것

믿는 데가 있어 교만驕慢한 〈사람은〉 천박淺薄한 〈사람이요〉,
믿는 데가 없으면서도 교만한 〈사람은〉 어리석은 〈사람이다〉.

151 人心日溺하고 世道日敗는 自不敎童子始也라 -《靑莊館全書》〈童規 一〉

【훈음】 溺 빠질 닉

• 自A : A로부터

인심人心이 날로 나빠지고 세도世道가 날로 퇴패해지는 것은 어린아이를 가르치지 않는 것으로부터 시작된 것이다.

152 玉不自出이라 人自採之요
鏡不自見(현)이라 人自照之니라 -《弘齋全書》〈朱書專治儒生申飭錄聞敎〉

【훈음】 採 캘 채 鏡 거울 경 見 볼 견 ; 드러낼 현 照 비출 조

옥玉이 저절로 나오는 것이 아니라 사람이 스스로 그것을 캐는 것이고,

거울이 저절로 보이는 것이 아니라 사람이 스스로 비추는 것이다.

153 古人은 遇事見理에 必透得二三重이러니
今人은 不惟不透得半重이라
事到眉頭에 茫不知如何措置하니
此政坐不讀書耳니라 -《弘齋全書》〈日得錄 文學 二〉

【훈음】 透 통할 투 ; 꿰뚫다 重 무거울 중 ; 겹치다 半 절반 반 眉 눈썹 미 茫 흐릿할 망
措 처리할 조 置 둘 치 政 바로 정

【어휘】 透得 : 막힘없이 환하게 깨달음. •眉頭 : 눈썹. 또는 눈썹 언저리. •如何 : 어떻게.
•措置 : 처리함. •政坐(=正坐) : 몸을 똑바로하여 앉음.

• 不惟A(又)B : A뿐만 아니라 또 B하다

옛사람은 일을 만나서 사리事理를 파악把握할 때에 반드시 두세 겹을 꿰뚫어 보았었다.
지금 사람은 반 겹도 꿰뚫어 보지 못할 뿐만 아니라
일이 눈앞에 닥치면 망연자실茫然自失하여 어떻게 조처措處해야 할지 모르니,
이것은 바로 앉아 글을 읽지 않아서 일 뿐이다.

154 未可以言而言者는 其罪小요
可以言而不言者는 其罪大라 -《弘齋全書》〈鄒書春記 盡心篇〉

• 可以A : A할 만하다

말할 만하지 않은데 말하는 것은 그 죄罪가 작지만,
말할 만한데 말하지 않는 것은 그 죄가 크다.

155 勿謂堅하라 磨則穿이니라
志於學이 奚不然이리오 -《錦帶詩文抄》〈尹配有硏銘〉

【훈음】 堅 굳을 견 磨 갈 마 穿 뚫을 천 奚 어찌 해

- A則B : A하면 B하다
- 奚A : 어찌 A하겠는가

견고堅固하다고 말하지 말라. 〈무엇이든〉 갈면 뚫린다.
학문學問에 뜻을 두는 것인들 어찌 이와 같지 않겠는가.

156 人而不仁이면 人乎哉아
人而不義면 人乎哉아 -《耳溪集》〈雜著 原則〉

- A乎哉 : A하겠는가?
- 人而不仁 : '而'는 자격을 나타내며 앞의 주어를 강조하고 있다. 따라서 '사람으로서' 또는 '사람인데도' 정도로 풀이하는 것이 좋다.

사람으로서 어질지 못하면 사람이겠는가.
사람으로서 의롭지 못하면 사람이겠는가.

157 聲與色은 外物也니 外物常爲累於耳目하여
令人失其視聽之正이로다 -《燕巖集》〈熱河日記 山莊雜記〉

【훈음】 累 폐를 끼칠 루 令 하여금 령 聽 들을 청
【어휘】 外物 : 자신의 심신心身 이외의 온갖 사물. 곧 부귀富貴·명리名利 따위.

- 令AB : A로 하여금 B하게 하다

소리와 빛은 외물外物이니 외물이 항상 귀와 눈에 누累가 되어, 사람으로 하여금 보고 들음의 바름을 잃게 하는 것이다.

158 夫德之凶은 莫如不誠이니
不誠則無物이라 -《燕巖集》〈李子厚賀子詩軸序〉

【훈음】 **凶** 흉할 **흉**　**誠** 성실할 **성**　**物** 물건 **물**
【어휘】 **無物** : 사물이 없음. 텅 비어 있음. 공허함.

• **A莫如B** : A가 B만 한 것이 없다

덕德의 흉凶한 것은 성실하지 못한 것만 한 것이 없으니,
성실하지 못하면 〈이루어진〉 사물이 없다.

159 **觀其所友**하고 **觀其所爲友**하며 **亦觀其所不友**는
吾之所以友也니라 -《燕巖集》〈會友錄序〉

【어휘】 **所以** : 방법.

• **A之B** : A가 B이다
• **觀其所友** : '所'는 보통 '장소, 사물(~한 것), 사람'으로 풀이한다. 여기서 '所'는 '사람'으로 풀이하는 것이 자연스럽다.

그 벗(友)하는 사람을 살펴보고, 그 벗이 되는 사람을 살펴보며,
또한 그 벗하지 않는 사람을 살펴보는 것이 내가 벗을 사귀는 방법方法이다.

160 **士一日而不讀書**면
面目不雅하고 **語言不雅**니라 -《燕巖集》〈罨畫溪蒐逸〉

【어휘】 **面目** : 얼굴. 낯.

• **不A 不B** : A하지 않으면 B하지 못하다

선비는 하루라도 글을 읽지 않으면, 얼굴이 바르지 못하고 말이 우아優雅하지 못하다.

161 **世治則君子志於退讓**하고 **世亂則君子志於退藏**하니
其爲退則一也라 -《靑城雜記》〈質言〉

【훈음】 **讓** 사양할 **양**　**亂** 어지러울 **란**　**藏** 숨을 **장**

- A則B : A는 B이다
- 其爲退則一也 : '退'의 '물러나다'는 의미는 '물러나 쉬지 않고 부지런히 덕을 닦아 도덕을 진전시키고 학업을 닦는다.'는 뜻이므로 앞의 '退'나 뒤의 '退'가 같다는 것이다.

세상이 다스려지면 군자는 물러나 〈남에게〉 사양辭讓하는 데 뜻을 두고,
세상이 어지러우면 군자는 물러나 〈스스로〉 은거隱居하는 데 뜻을 두니, 그 물러남은 같다.

162 誡之也而不怵하고 勸之也而不激하며
虛而無必하고 直而不有하라 -《靑城雜記》〈質言〉

【훈음】 誡 경계할 계 怵 두려울 출 勸 권면할 권 激 격할 격 虛 빌 허 直 옳을 직

훈계訓戒하되 두려워하게 하지 말고, 권면勸勉하되 과격하게 하지 말며
〈마음을〉 비워서 꼭 해야겠다는 〈생각을〉 버리고, 바로잡아 주되 〈내가 옳다는 마음을〉 갖지 말라.

163 眼前無不好人하고 肚裏無不平事면 是爲平生至樂이라

-《靑城雜記》〈質言〉

【훈음】 眼 눈 안 肚 마음 두 裏 속마음 리 至 지극할 지 樂 즐거울 락
【어휘】 肚裏 : 마음속. 가슴속.

- 是爲A : 이것이 A이다

눈앞에 좋아하지 않는 사람이 없고, 마음에 불평不平할 일이 없으면 이것이 평소의 지극한 즐거움이다.

164 見敬於人者는 必敬人하고 見侮於人者는 必侮人이라

-《靑城雜記》〈質言〉

【훈음】 見 볼 견 ; 당하다 侮 업신여길 모

- **見A於B** : B에게 A받다
- **見敬於人者** : '남에게 존경을 받는 사람'이라는 말로 피동을 나타내는 문장이다.

남에게 존경尊敬을 받는 사람은 반드시 남을 존경하고,

남에게 업신여김을 받는 사람은 반드시 남을 업신여긴다.

165 公事先於人하고 私事後於人이라 -《靑城雜記》〈質言〉

【훈음】 公 공적인 것 **공** 私 사사로울 **사**

【해설】 선공후사先公後私의 마음가짐을 말한다.

- **A於B** : B보다 A하다

공적公的인 일은 남보다 앞서 하고, 사적私的인 일은 남보다 뒤에 한다.

166 獲罪於天이면 猶可逭也나 獲罪於民이면 不可救也라

-《靑城雜記》〈質言〉

【훈음】 獲 얻을 **획** 猶 오히려 **유** 逭 달아날 **환** ; 면하다

- **A於B** : B에 A하다
- **可A** : A할 수 있다

하늘에 죄罪를 지으면 그래도 벗어날 수 있지만, 백성百姓에게 죄를 지으면 구제救濟받을 수 없다.

167 作罪於昭하면 人責及之하고 作罪於闇하면 鬼誅襲之라 昭暗俱罪하면 天禍集之라 -《靑城雜記》〈質言〉

【훈음】 昭 밝을 **소** 闇 숨을 **암** 鬼 귀신 **귀** 誅 주벌할 **주** 襲 엄습할 **습** 俱 함께 **구**
禍 재앙 **화** 集 모일 **집**

【어휘】 **鬼誅** : 귀신鬼神이 내리는 벌罰.

밝은 데서 죄를 지으면 남의 책망責望이 미치고,

어두운 데서 죄를 지으면 귀신의 주벌誅罰이 엄습하고,

밝고 어두운 데서 모두 죄를 지으면 하늘의 재앙災殃이 모인다.

168 驕吝俱凶德이나 然天道惡(오)驕甚於吝이라 -《靑城雜記》〈質言〉

【훈음】 驕 교만할 교 吝 인색할 린 俱 모두 구 甚 심할 심

• A於B : B보다 A하다

교만驕慢함과 인색吝嗇함은 모두 나쁜 덕이다.

그러나 하늘의 도道는 교만함을 미워함이 인색함보다 더 심하다.

169 世治則臣職篤於廷하고 友誼敦於士類하며

世亂則臣分盡於草莽하고 友道見於屠販이라 -《靑城雜記》〈質言〉

【훈음】 職 직분 직 篤 독실할 독 廷 조정 정 誼 정情 의 敦 도타울 돈 類 무리 류
亂 어지러울 란 分 나눌 분 ; 분수 莽 풀 망 屠 백정 도 販 팔 판

【어휘】 草莽 : 초야草野. 민간. • 屠販 : 백정과 장사치. 곧 지위가 미천한 사람.

세상世上이 다스려지면 신하臣下들의 직분職分이 조정朝廷에서 독실篤實해지고

벗들의 우의友誼가 선비들 사이에서 돈독敦篤해지며,

세상이 어지러우면 신하의 직분이 초야草野에서 다하고

벗의 도가 백정과 장사치들 사이에서 볼 수 있다.

170 內不足者는 其辭煩하고 心無主者는 其辭荒이니라 -《靑城雜記》〈質言〉

【훈음】 煩 괴로울 번 荒 거칠 황 ; 분명하지 않다

【어휘】 無主 : 뚜렷한 소신이나 주장이 없다.

【해설】 속이 차지 않은 사람은 그 말이 번잡煩雜하고, 마음에 중심이 없는 사람은 그 말이 분명分明하지 않다.

• A者 : A하는 사람

내면이 부족한 사람은 그 말이 번잡하고, 마음에 주장이 없는 사람은 그 말이 거칠다.

171 **名譽盛者**는 **惟斂退**라야 **可以遠辱**이요

富貴極者는 **惟謙恭**이라야 **可以免禍**니라 -《青城雜記》〈醒言〉

【훈음】 **譽** 기릴 **예** **斂** 거둘 **렴** **辱** 욕 **욕** **謙** 겸손할 **겸**

【어휘】 **名譽** : 사회적 명망名望과 성예聲譽. • **斂退** : 삼가고 사양하다. 은퇴하다.

• **可以A** : A할 수 있다

명예名譽가 성盛한 사람은 오직 수렴收斂하고 물러나야 치욕恥辱을 멀리할 수 있고,
부귀富貴가 지극한 사람은 오직 겸양謙讓하고 공손恭遜해야 재앙災殃을 면할 수 있다.

172 **毋喜一時之欺人**하고

毋幸目前之橫財하라 -《無名子集》〈客有談古事者聊記之〉

【훈음】 **喜** 기쁠 **희** **欺** 속일 **기** **橫** 가로 **횡**

【어휘】 **一時** : 잠시. 잠깐. • **橫財** : 뜻밖에 얻은, 분수에 맞지 않는 재물.

• **毋A** : A하지 말라
• **勿, 毋** : '~하지 말라'는 금지의 패턴을 만드는 기본 글자이다.

잠시 남을 속인 것을 기뻐하지 말고, 눈앞의 횡재橫財를 행운幸運으로 여기지 마라.

락 기
173 **樂不亟享**이라야 **延及耄昏**이요

福不畢受라야 **或流後昆**이니라 -《與猶堂全書》〈奢箴〉

【훈음】 **樂** 즐거울 **락** **亟** 자주 **기** **享** 누릴 **향** **延** 오랠 **연** **耄** 늙을 **모** **昏** 어두울 **혼**
畢 마칠 **필** ; 모두 **昆** 자손 **곤**

【어휘】 **延及** : 번져 나감. 뻗쳐서 미침. • **耄昏** : 늙음. • **後昆** : 후대의 자손.

즐거움은 자주 누리지 않아야 늙도록 오래 미칠 수 있고,

복福은 다 받지 않아야 혹시라도 후손後孫에게 내려가게 된다.

정약용丁若鏞, 한국데이터산업진흥원

174 修身以孝友爲本이니 於是有不盡分이면 雖復(복)學識高明하고 文詞彪炳이라도 便(변)是土牆施繢耳라 -《與猶堂全書》〈示學淵家誡〉

【훈음】 **彪** 문채날 **표** **炳** 빛날 **병** **便** 편할 **편** ; 곧 **변** **牆** 담 **장** **繢** 채색할 **궤** **耳** 귀 **이** ; 뿐

【어휘】 **於是** : 그러므로 •**文詞** : 문장文章.

•**彪炳** : 문채가 선명하게 드러남. 문채가 환하게 빛남. •**便是** : 곧.

• **以A爲B** : A를 B로 삼다 • **雖復A** : 비록 A일지라도

몸을 닦는 것은 효孝와 우友를 근본根本으로 삼아야 한다. 그러므로〔於是〕〈자기의〉 본분本分을 다하지 않은 것이 있으면,

비록 학식學識이 고명高明하고 문장文章이 아름답다 하더라도,

곧〔便是〕 흙담에다 색칠하는 것일 뿐이다.

175 古之爲學者는 五라 曰 博學之와 審問之와
愼思之와 明辯之와篤行之니라 -《與猶堂全書》〈五學論〉

옛날의 학문學問하는 것이 다섯 가지이니,
널리 배움과 자세히 물음과 신중히 생각함과 밝게 분변分辨함과 독실篤實히 행함이다.

176 治家之要有二字銘이니 一曰勤이요 二曰儉이라
天厭懶怠하니 必不予福이요
天厭奢泰하니 必不降祐라 -《與猶堂全書》〈爲尹輪卿贈言〉

【훈음】 **懶** 게으를 **라** **厭** 싫을 **염** **奢** 사치할 **사** **祐** 도울 **우** ; 복
【어휘】 **懶怠** : 행동, 성격 따위가 느리고 게으름. • **奢泰** : 지나치게 사치하다.

• **A之B** : A하는 B

집안을 다스리는 요령으로 새겨둘 두 글자가 있는데,
첫째는 부지런함이요 둘째는 검소함이다.
하늘은 게으름을 싫어하니 반드시 복福을 주지 않을 것이고,
하늘은 사치奢侈함을 싫어하니 반드시 복을 내리지 않을 것이다.

177 爲善이 是受福之道니
君子强爲善而已니라 -《與猶堂全書》〈示二兒家誡〉

【훈음】 **强** 힘쓸 **강**

• **A是B** : A가 B이다 • **A而已** : A일 뿐이다

선善을 행하는 것이 복福을 받는 길이니, 군자君子는 힘써 선을 행할 뿐이다.

178 兄弟者는 與我同父母하니 是亦我而已矣라
兄者는 先至之我也요 弟者는 後至之我也라

-《與猶堂全書》〈諭谷山鄕校勸孝文〉

- 與AB : A와 B하다
- 先至之我也 : '先至'는 '먼저 이르다' 즉 '먼저 태어나다'의 의미이고, '之'는 '~한'의 관형격 조사로 쓰였다.

형제兄弟는 나와 부모父母를 같이하였으니, 이 또한 나일 따름이다.
형은 먼저 태어난 나요, 아우는 뒤에 태어난 나다.

179 天非私富一人이라 蓋託以衆貧者요
天非私貴一人이라 蓋託以衆賤者니라 -《與猶堂全書》〈牧民心書 律己六條〉

【훈음】 蓋 대개 개 託 부탁할 탁 賤 천할 천

하늘이 한 사람을 사사로이 부유富裕하게 하려는 것이 아니라
대개 여러 가난한 자들을 〈그에게〉 부탁하려는 것이요,
하늘이 한 사람을 사사로이 귀貴하게 하려는 것이 아니라
대개 여러 천한 자들을 〈그에게〉 부탁하려는 것이다.

180 待有餘而後濟人이면 必無濟人之日이요
待有暇而後讀書면 必無讀書之時니라 -《與猶堂全書》〈牧民心書 樂施〉

【훈음】 餘 남을 여 濟 건널 제 ; 구제하다 暇 겨를 가 讀 읽을 독 時 때 시

여유餘裕가 생긴 뒤에 남을 구제救濟하려 한다면 결코 남을 구제할 날이 없을 것이고,
여가餘暇가 생긴 뒤에 책을 읽으려 한다면 결코 책을 읽을 시간이 없을 것이다.

181 廉者는 牧之本務요 萬善之源이요 諸德之根이니
不廉而能牧者는 未之有也니라 -《與猶堂全書》〈牧民心書 律己六條〉

【훈음】 廉 청렴할 렴 牧 칠 목 務 힘쓸 무

- A者 : A라는 것 • 未AB : A가 B하지 않다
- 未之有也 : '부정사+대명사+서술어'의 문장으로 '부정사+서술어+대명사'의 어순이 도치된 문장이다. 대명사 '之'의 내용인 '不廉而能牧者'를 앞으로 제시하여 강조한 형태이다.

청렴淸廉이란 것은 목민관牧民官의 근본根本이 되는 직무職務이며 모든 선행善行의 근원根源이며 여러 덕행德行의 근본이니,
청렴하지 않고서 목민관 노릇 할 수 있는 사람은 있지 않다.

182 天之方蹶이라도 牛出有穴이라 -《與猶堂全書》〈耳談續纂〉

【훈음】 方 모 방 ; 바야흐로 蹶 넘어질 궐 穴 구멍 혈

- A之B : A가 B하다
- 天之方蹶 牛出有穴 : '하늘이 무너져도 솟아날 구멍이 있다'는 속담을 말한다. 여기에서 '牛出'은 훈을 빌려 우리말을 표기한 것으로 '솟아나다'를 뜻한다.

하늘이 막 무너져도 솟아날 구멍이 있다.

183 寧測十丈水深이나 難測一丈人心이라 -《與猶堂全書》〈耳談續纂〉

【훈음】 寧 편안할 녕 ; 차라리 測 헤어릴 측 丈 길이 장

차라리 열 길(丈) 물 깊이는 헤아릴 수 있으나, 한 길 사람 마음은 헤아리기 어렵다.

184 樂(락)生於苦하니 苦者는 樂之根也요
苦生於樂하니 樂者는 苦之種也라 -《與猶堂全書》〈贈別李虞侯詩帖序〉

【훈음】 樂 즐거울 락 苦 괴로울 고 根 뿌리 근 種 씨 종

• A者B也 : A는 B이다

즐거움은 괴로움에서 생기니 괴로움은 즐거움의 뿌리요,
괴로움은 즐거움에서 생기니 즐거움은 괴로움의 씨앗이다.

185 穿雪野中去에 不須胡亂行이라
今朝我行跡이 遂作後人程이라 -《臨淵堂別集》〈野雪〉

【훈음】 穿 뚫을 천 胡 오랑캐 호 ; 크다 亂 어지러울 란 跡 자취 적 遂 마침내 수 程 길 정
【어휘】 胡亂 : 멋대로. 함부로. • 行跡 : 행위의 실적이나 자취. 발자국.

눈을 뚫고 들길을 갈 적에, 모름지기 멋대로 가지 말라.
오늘 아침 내 발자국이 마침내 뒷사람의 길이 되니라.

6. 조선말기 朝鮮末期

186 衣以新爲好하고 人以舊爲好라 -《松南雜識》〈方言類〉

【훈음】 舊 옛 구

【해설】 물건은 새 것이 좋지만 사람은 오래 두고 사귄 사람일수록 좋다는 뜻이다.

• **以A爲B** : A를 B로 여기다

옷은 새 것을 좋은 것으로 여기고, 사람은 오래 사귄 사람을 좋은 것으로 여기다.

187 善視者는 未盡善聽矣이요
善言者는 未盡善動이라 -《氣測體義》〈神氣通 體通〉

【훈음】 視 볼 시　聽 들을 청

• **A者** : A하는 사람

보기를 잘하는 사람이 듣는 것을 다 잘하는 것이 아니고,
말을 잘하는 사람이 행동을 다 잘하는 것이 아니다.

188 知己之過 勝於聞人之善이라 故惟患知過之不切이요
不患改之之不敏이라 -《氣測體義》〈推測錄 推測提綱〉

【훈음】 過 잘못 과　勝 이길 승 ; 낫다　惟 오직 유　切 간절할 절　患 근심 환　敏 재빠를 민

• **A勝於B** : A가 B보다 낫다

자신의 과오過誤를 아는 것이 남의 선善을 듣는 것보다 낫다.

CV174376

그러므로 오직 과오를 아는 것이 절실하지 못함을 근심하고,
과오를 고치는 것이 빠르지 못한 것을 근심하지 않는다.

189 傳聞不如躬聞이요 躬聞不如親見이요
親見不如親自當之니라 -《氣測體義》〈神氣通 目通〉

【훈음】 躬 몸 궁 親 몸소 친 當 대할 당

• A不如B : A가 B만 못하다

전해 듣는 것이 직접 듣는 것만 못하고,
직접 듣는 것이 직접 보는 것만 못하고,
직접 보는 것이 직접 스스로 겪는 것만 못하다.

190 通達者選人에 職與人參(삼)商하고
偏狹者選人에 常不離自己分數니라 -《人政》〈選人門 自選無欺〉

【훈음】 通 통할 통 達 통달할 달 選 뽑을 선 職 직분 직 參 셋 삼 ; 별이름
商 장사 상 ; 별이름 偏 치우칠 편 狹 좁을 협 離 떠날 리
【어휘】 參商 : 떨어져 살피다. 본래 하늘의 삼성參星과 상성商星을 가리킨다. 두 별이 멀리 떨어져 있으므로 전이되어 '만나지 않는 일', '화목하지 않는 일'을 뜻한다.

통달通達한 자가 사람을 뽑을 때는 직분職分과 사람을 떨어뜨려 헤아리고〔參商〕,
편협偏狹한 자가 사람을 뽑을 때는 늘 자기 분수分數에서 벗어나지 못한다.

191 敗事之後에 拾(습)於灰燼하여 以闋旣往之累하고
戒於覆轍하여 以啓來頭之望이 乃善處事也라

-《人政》〈測人門 成敗大小〉

【훈음】 拾 주을 습 灰 재 회 燼 불탄 끝 진 闋 끝날 결 累 누 루 戒 경계할 계

覆 엎어질 복　轍 수레바퀴 철　啓 열 계　頭 머리 두 ; 맨 앞　處 곳 처 ; 처리하다

【어휘】 灰燼 : 재. 잿더미. • 覆轍 : 전복된 수레의 궤적. 실패에서 얻는 교훈을 비유하는 말.
• 來頭 : 장래의 형편.

일을 실패失敗한 뒤에는 잿더미를 수습收拾하여 지난날의 잘못을 정리整理하고, 전복顚覆된 궤적軌跡을 경계警戒 삼아 앞날의 희망希望을 열어나가는 것이 바로 일을 잘 처리하는 것이다.

192 善用人者는 非徒使善者善之라
亦能使不善者善之니라 -《人政》〈用人門 善用人之效〉

【훈음】 善 착할 선 ; 잘하다　徒 다만 도　使 하여금 사

• 非徒A 亦B : A할 뿐 아니라 또한 B하다　• 使AB : A로 하여금 B하게 하다

사람을 잘 쓰는 자는 단지 선善한 사람으로 하여금 선하게 할 뿐 아니라, 또한 불선不善한 사람으로 하여금 선하게 한다.

193 得所欲爲樂(락)이니 欲有爲者는 以有爲樂하고
欲無爲者는 以無爲樂이니라 -《人政》〈敎人門 憂樂〉

【어휘】 有爲 : 일을 함이 있음. 큰 일을 함. 하는 바가 있음. • 無爲 : 아무 일도 하는 것이 없음.

• 以A爲B : A를 B로 삼다

하고자 하는 것을 얻는 것이 즐거움이니, 할 일이 있음을 원하는 사람은 〈일이〉 있음을 즐거움으로 삼고, 할 일이 없음을 원하는 사람은 〈일이〉 없음을 즐거움으로 삼는다.

194 薄有才技而不善讀書는
反不如無才技而不讀書之爲愈也니라 -《東槎漫錄》〈乙酉正月 十二日〉

【훈음】 薄 적을 박 技 기술 기 反 도리어 반 愈 나을 유
【어휘】 才技 : 재지와 기량(技量). 재능.

- A不如B : A가 B만 못하다
- A之爲B : A가 B가 되다
- 反不如無才技而不讀書之爲愈也 : 직역하면 '도리어 재능이 없으면서 책을 읽지 않는 것만 못하다는 것이 나은 것이 된다'로 풀이되고 이를 의역하면 '도리어 재능이 없으면서 책을 읽지 않는 것만 못 한 것이다'로 풀이할 수 있다.

약간 재능才能이 있다고 하여 책을 잘 읽지 않는 것은
도리어 재능이 없으면서 책을 읽지 않는 것만 못한 것이다.

195 觀野者는 曰 日出於野라하고 觀水者는 曰 日出於水라하더라

-《嘉梧藁略》〈傖白子〉

【훈음】 觀 볼 관 野 들 야

- A者 : A하는 사람
- A於B : B에서 A하다
- 日出於野 : '日+出+於野'는 '주어 + 서술어 + 보어'의 구조이다.

들(野)을 보고 있는 사람은 "해가 들에서 뜬다."라고 말하고,
물(水)을 보고 있는 사람은 "해가 물에서 뜬다."라고 말한다.

196 與其負愧而生으론 不如無愧而死라 -《林下筆記》〈義命〉

【훈음】 負 질 부 愧 부끄러울 괴

- 與其A 不如B : A하기보다는 B하는 것이 낫다

부끄러움을 지고 사는 것보다는 부끄러움이 없이 죽는 것이 낫다.

197 人子之事親에
必以恭敬爲本하고 以修身愼行爲先이라 -《海東續小學》〈明倫〉

【훈음】 子 자식 자 事 일 사 ; 섬기다 恭 공경할 공 敬 공경할 경 修 닦을 수 愼 삼갈 신

• A以爲B : A를 B로 여기다

자식이 어버이를 섬김에는
반드시 공경恭敬을 근본根本으로 삼고
몸을 닦고 행동行動을 삼가는 것을 우선으로 삼아야 한다.

198 惟其明이라 故照物無僞요
惟其公이라 故姸媸無異議니라 -《修堂集》〈鑑銘〉

【훈음】 故 때문 고 照 비출 조 僞 거짓 위 公 공변될 공 姸 고울 연 媸 추할 치
異 다를 이 議 의논할 의

【어휘】 姸媸 : 아름다움과 추함.

• 惟A 故B : 오직 A하기 때문에 B하다

오직 〈거울이〉 밝기 때문에 사물事物을 비춤에 거짓이 없고
오직 〈거울이〉 공정公正하기 때문에 곱고 추한 것에 이론異論이 없다.

199 爲官擇人은 是其爲公之大者요
爲人擇官은 是其爲私之大者라 -《義菴集》〈寒燈蔓筆〉

【훈음】 官 벼슬 관 擇 고를 택

• A之B者 : A 중에 B한 것
• 公之大者 : 'A之B者'의 풀이는 'A 중에 B한 것' 즉, '공정함 중에 큰 것'으로 풀이하여야 하나 거꾸로 B하게 A한 것 즉, '매우 공정한 것'으로 풀이하는 것이 자연스러운 경우가 있다.
• 是其爲公之大者 : '是'는 '~이다'이고 '爲公'은 '공을 행하다'이므로 '그 공을 행하는 것 중에 큰 것이다'로 풀이한다.

관직官職을 위하여 사람을 택하는 일은 그 공公을 행하는 것 중에 큰 것이요,
사람을 위하여 관직을 택하는 일은 그 사私를 행하는 것 중에 큰 것이다.

200 人之患은 在常知我過於人이로되 而不知不及於人이며
常欲上於人이로되 而不欲下於人이며
常欲我教人이로되 而不好我問於人이니라 -《義菴集》〈寒燈蔓筆〉

【훈음】 患 근심 환 ; 폐단

• A之B : A의 B　　• A於B : A보다 B하다

사람의 폐단弊端은
항상 내가 남보다 뛰어난 것은 알되 남에게 미치지 못하는 것은 알지 못하는 데 있으며,
항상 남보다 위에 있고자 하되 남보다 아래에 있고자 하지 않는 데 있으며,
항상 내가 남을 가르치고자 하되 내가 남에게 묻는 것을 좋아하지 않는 데 있다.

II. 중국편

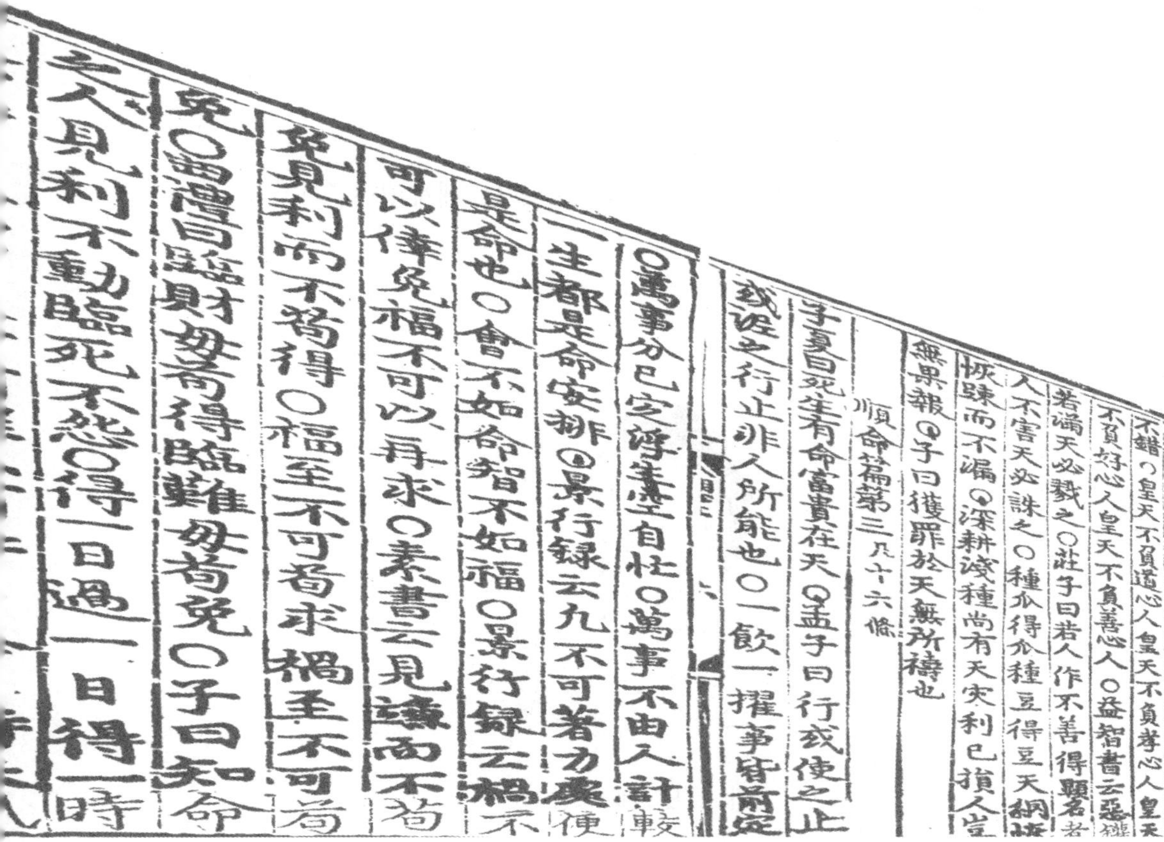
不錯○皇天不負道心人皇天不負孝心人皇天
不負好心人皇天不負善心人○益智書云惡鏵
若滿天必戮之○莊子曰若人作不善得顯名者
人不害天必誅之○種瓜得瓜種豆得豆天網恢
恢疎而不漏○深耕淺種尚有天災利己損人豈
無果報○子曰獲罪於天無所禱也
順命篇第三 九十六條
子夏曰死生有命富貴在天○孟子曰行或使之止
或尼之行止非人所能也○一飮一啄事皆前定
○萬事分已定浮生空自忙○萬事不由人計較
一生都是命安排○景行錄云凡不可著力處便
是命也○會不如命智不如福○景行錄云禍不
可以倖免福不可以再求○素書云見嫌而不苟
免見利而不苟得○福至不可苟求禍至不可苟
免○禮曰臨財毋苟得臨難毋苟免○子曰知命
之人見利不動臨死不怨○得一日過一日得一時

청주판 명심보감 清州版 明心寶鑑 中

1. 계선편 繼善篇

201 **子曰 爲善者**는 **天報之以福**하고
爲不善者는 **天報之以禍**니라

【훈음】 **報** 갚을 **보** **福** 복 **복** **禍** 재앙 **화**

- A者B : A하는 사람은 B한다 • A以B : B로써 A하다
- 爲善者 : 'A+者'의 패턴은, 'A라는 사람', 'A라는 것', 'A에(시간을 나타내는 경우)' 등으로 풀이한다.
- 天報之以禍 : 天(1)報(5)之(4)以(3)福(2)

공자孔子가 말하였다.
"선善을 행하는 사람에게는 하늘이 복福으로써 그에게 갚아주고,
선하지 않은 일(不善)을 하는 사람에게는 하늘이 재앙으로써 그에게 갚아준다."

공자孔子, 만고제회도상

CV174391

2. 천명편 天命篇

202 馬援曰 終身行善이라도 善猶不足이요
악
一日行惡이라도 惡自有餘니라

【훈음】 援 구원할 원　猶 오히려 유

【어휘】 馬援 : 후한後漢 사람으로 자는 문연文淵이며, 광무제를 도와 많은 무공武功을 세움.

• **善猶不足** : '猶'는 뒤 문장의 내용이 앞 문장을 양보한 사실과는 상관이 없는 경우 '그래도'로, 일반적인 기준이나 기대와는 전혀 반대가 되거나 다르다는 의미인 경우 '오히려'로 풀이하며 서술어의 앞에 제시되어 사용된다.

마원馬援이 말하였다.

"종신토록 선善을 행하더라도 선善은 오히려 부족하고,

하루만 악惡을 행하더라도 악惡은 오히려 남음이 있다."

마원馬援, 만고제회도상

CV174392

203 易曰 出其言善이면 則千里之外應之하고
出其言不善이면 則千里之外違之라

【훈음】 易 주역 역 應 응할 응 違 피할 위
【어휘】 易 : 유교의 경전經典 중 3경의 하나인 《주역周易》.

- A則B : A하면 B하다
- 應之 : '그에게 호응하다'는 뜻으로 '之'는 대명사로 사용되었다. 풀이를 할 때는 생략하는 경우가 많다.

《주역周易》에 말하였다.
"그 말이 나오는 것이 선善하면 천리千里 밖에서도 호응呼應하고
그 말이 나오는 것이 선하지 않으면 천리 밖에서도 피한다."

204 司馬溫公曰 積金以遺子孫이라도 未必子孫이 能盡守요
積書以遺子孫이라도 未必子孫이 能盡讀이니
不如積陰德於冥冥之中하여 以爲子孫之計也니라

【훈음】 司 맡을 사 ; 성씨 遺 남길 유 陰 그늘 음 ; 몰래 冥 어두울 명 計 꾀할 계
【어휘】 司馬溫公 : 북송 때, 사마광司馬光의 성姓과 시호 온국공溫國公을 아울러 부른 말.
• 陰德 : 남모르게 행하는 덕행. • 冥冥 : 남의 눈에 띄지 않은 곳.

- A以B : A로써 B하다
- 未必A : 결코 A한 것만은 아니다
- A不如B : A는 B만 못하다
- A以爲B : A를 B로 삼다
- 未必子孫 能盡守 : '未必A'는 '결코 A한 것만은 아니다'의 의미로 부분 부정을 나타낸다. 이와 반대로 '必未A'는 '결코 A하지 않다'의 의미로 전체 부정을 나타낸다.

사마온공司馬溫公이 말하였다.
"돈을 모아 자손에게 남겨주더라도 결코 자손이 다 지킬 수 있는 것은 아니고,
책冊을 모아서 자손에게 남겨주더라도 결코 자손이 다 읽을 수 있는 것은 아니다.
남 모르는 중에 음덕陰德을 쌓아서 자손을 위한 계책(子孫之計)으로 삼느니만 못하다."

205 景行錄曰 恩義를 廣施하라 人生何處不相逢이랴
讐怨을 莫結하라 路逢狹處면 難回避니라

【훈음】 錄 기록할 록 廣 넓을 광 讐 원수 수 狹 좁을 협 回 돌 회 避 피할 피
【어휘】 **景行錄** : 송宋나라 때 만들어진 책이라 하나 현재 전하지 않음.

- **人生何處不相逢** : '사람이 살다 보면 어디에선가 서로 만나지 않으랴?'라고 풀이하여도 된다.
- **路逢狹處** : 외나무다리 같은 좁은 곳에서 우연히 만나는 모습을 연상하게 하는 글인데, '길을 가다 좁은 곳에서 만나다.'로 직역할 수 있다.

《경행록景行錄》에 말하였다.
"은혜와 의리를 널리 베풀어라. 사람이 어느 곳에 살든 서로 만나지 않으랴?
원수와 원한을 맺지 말라. 길이 좁은 곳에서 만나면 회피하기 어렵다."

206 東嶽聖帝垂訓曰 一日行善이면 福雖未至나 禍自遠矣요
一日行惡(악)이면 禍雖未至나 福自遠矣니
行善之人은 如春園之草하여 不見其長이라도 日有所增하고
行惡(악)之人은 如磨刀之石하여 不見其損이라도 日有所虧니라

【훈음】 嶽 큰산 악 垂 드리울 수 ; 전하다 增 더할 증 磨 갈 마 損 덜 손 虧 이그러질 휴
【어휘】 **東嶽聖帝** : 도교道教의 산신령山神靈으로 전해짐.

- **A如B** : A는 B와 같다
- **福雖未至 禍自遠矣** : '雖'는 '비록 ~이라도(하더라도)'로 해석되는 양보절을 이끄는 부사이고, '矣'는 추측 또는 미래를 나타내거나, 약한 단정, 또는 완료를 나타내는 종결사이다. 여기서는 추측과 미래의 의미를 나타내어 '~일 것이다'로 해석한다.

《동악성제수훈東嶽聖帝垂訓》에 말하였다.
"하루라도 선善을 행하면, 복福은 비록 이르지 않더라도 재앙은 저절로 멀어질 것이요,
하루라도 악惡을 행하면, 재앙은 비록 이르지 않더라도 복은 저절로 멀어질 것이다.
선을 행하는 사람은 봄 동산〔春園〕의 풀과 같아서, 그 자라는 것을 볼 수 없으나 날로 더해지는 것이 있고,

악을 행하는 사람은 칼을 가는 숫돌과 같아서, 그 없어지는 것을 볼 수 없으나 날로 닳는 것이 있다."

207 **楚書曰 楚國無以爲寶**요 **惟善以爲寶**라

【훈음】 楚 초나라 초 惟 오직 유 【어휘】 楚書 : 《국어國語》〈초어楚語〉를 말함.

- 無以A : A할 것이 없다 • A以爲B : A를 B라고 여기다
- 無以爲寶 : '無所以爲寶'와 같으므로 따라서 '以'를 '所以'로 보아 '~할/하는 것'으로 풀이한다.

《초서楚書》에 말하였다.
"초나라는 보배로 삼는 것이 없고, 오직 선善을 보배로 삼는다."

208 **諸葛武侯曰 謀事在人**이나 **成事在天**이라

【훈음】 諸 모두 제 葛 칡 갈 侯 제후 후 謀 도모할 모
【어휘】 諸葛武侯 : 제갈량諸葛亮의 성姓과 시호를 아울러 부르는 말. 중국 삼국시대 촉한의 정치가로 유비를 도와 촉한을 세움.

- 在A : A에 있다
- 在人 : '사람에게 있다'로 풀이하며 장소와 대상을 나타내는 말이 '在'의 뒤에 제시된다.

제갈무후諸葛武侯가 말하였다.
"일을 도모圖謀하는 것은 사람에게 달려 있으나, 일을 완성하는 것은 하늘에 달려 있다."

제갈량諸葛亮, 만고제회도상

209 人可欺나 天不可欺요 人可瞞이나 天不可瞞이라

【훈음】 欺 속일 기 瞞 속일 만

• 可A : A할 수 있다
• 人可欺 : 'A可B'는 'A를 B할 수 있다'로 풀이한다. 'A'를 주어로 보아 풀이를 하면 문장이 어색해진다. 따라서 자연스러운 풀이를 위하여 'A'를 목적어로 보아 풀이하는 것이 좋다. 단 '以'가 들어가 'A可以B'의 형태가 되면 'A'를 주어로 풀이하여야 한다.(자세한 설명은 《사서독해첩경》- 전통문화연구회 刊) 113P 참조)
• 欺, 瞞 : '欺'는 흠 있는 것을 '말로써 없다'고 속이는 것을, '瞞'은 '눈을 가리어 없다'고 속이는 것을 뜻한다.

사람을 〈말로〉 속일 수 있으나 하늘을 속일 수 없고,
사람을 〈눈을 가려〉 속일 수 있으나 하늘을 속일 수 없다.

210 益智書云 惡(악)鑵若滿이면 天必誅之니라

【훈음】 鑵 두레박 관 誅 벨 주
【어휘】 益智書 : 송宋나라 때 이루어진 책, 저자 미상未詳.

• 若A : 만약 A하면
• 天必誅之 : 어구의 끝에 '之'가 오는 경우는 대부분 대명사로 사용된다.

《익지서益智書》에 말하였다.
"악惡의 그릇이 만약 가득 차면, 하늘이 반드시 그를 죽인다."

211 種瓜得瓜요 種豆得豆니
天網이 恢恢하여 疏而不漏니라

【훈음】 網 그물 망 恢 넓을 회 疏 성길 소 漏 샐 루
【어휘】 天網 : 하늘의 그물, 즉 자연의 법칙을 비유하는 말. • 恢恢 : 넓고 큰 모양.

• 種瓜得瓜 種豆得豆 : 결과에는 원인이 있음을 말한 것이다. 우리 속담에 '콩 심은 데 콩 나고, 팥 심은 데 팥 난다'는 말과 비슷한 말이다.
• 恢恢 : '넓고 큰 모양'을 뜻하는 말이다. 이와 같이 같은 한자가 반복되는 경우, 동사류의

경우는 '그러한 모양'을 나타내고, 명사는 '~마다', '낱낱이', '모두'의 뜻을 나타낸다.

오이를 심으면 오이를 얻고, 콩을 심으면 콩을 얻으니,

하늘의 그물이 넓고 커서 성기지만 빠뜨리지 않는다.

212 深耕淺種이라도 尙有天災한대

利己損人이면 豈無果報리오

【훈음】 **耕** 밭갈 **경** **種** 씨 **종** ; 심다 **尙** 오히려 **상** **豈** 어찌 **기** **果** 결과 **과**

【어휘】 **果報** : 인과응보因果應報. 곧 과거 또는 전생의 선악善惡의 인연因緣에 따라서 뒷날 길흉화복吉凶禍福의 갚음을 받게 됨을 이르는 말.

- 有A : A가 있다
- **深耕淺種** : '깊이 갈고 얕게 심는다'는 말은 '도리에 맞는 일을 한다'는 의미이다.
- **尙有天災** : '尙'은 '오히려'라는 뜻으로 '일반적인 기준이나 예상, 짐작, 기대와는 전혀 반대가 되거나 다르게'라는 뜻으로 쓰인다.

깊이 갈고 얕게 심더라도 오히려 하늘의 재앙災殃이 있는데,

자기를 이롭게 하고 남을 해치면 어찌 인과응보因果應報가 없겠는가?

3. 순명편 順命篇

213 **一飮一啄**이 **事皆前定**이라

【훈음】 啄 쪼을 탁

• 一飮一啄 : '얼마 안 되는 음식', 곧 '사람이 이미 정해진 자기의 분수를 지켜서 분수 이외의 것을 탐내지 않음'을 비유하여 쓰인 말이다. '한 번 마시고 한 번 쪼는 일은 본래 정해진 분수分數가 있다〔一飮一啄 自有定分〕'는 《심경부주心經附註》의 말과 같은 의미이다.

한 번 마시고 한 번 쪼는 일은 다 이전에 정해진 〈분수가〉 있다.

214 **萬事分已定**이어늘 **浮生空自忙**이니라

【훈음】 浮 뜰 부 ; 덧없다　空 빌 공 ; 헛되다　忙 바쁠 망
【어휘】 浮生 : 부평초(부들) 같은 인생. '덧없는 인생'을 의미.

• 已~ : '이미 ~했다'의 의미로 지나간 과거를 뜻한다.

모든 일은 분수分數가 이미 정해져 있는데,
덧없는 인생人生은 부질없이 스스로 바쁘구나.

215 **福至不可苟求**하고 **禍至不可苟免**이라

【훈음】 苟 구차할 구

• 不可A : A해서는 안 된다

복福이 이르러도 구차苟且하게 구해서는 안 되고,
화禍가 이르러도 구차하게 벗어나서는 안 된다.

CV174403

216 緊行慢行이라도 前程只有許多路라

【훈음】 緊 요긴할 긴 ; 급하다 慢 거만할 만 ; 느리다 程 길 정 只 다만 지 許 허락할 허 ; 매우

【어휘】 前程 : 앞길. • 許多 : 이렇게 많음.

【해설】 인생이란 급히 가건 느리게 가건 앞길은 많은 길이 있으므로 성실하고 바르게 가는 것이 더 중요하다는 의미이다.

• 只A : 다만 A일 뿐이다 ☞ '只'는 '다만 ~일 뿐이다'의 뜻으로 '다른 것이 아니라 오로지'의 의미이다.

빨리 가나 늦게 가나 앞길은 다만 많은 길이 있을 뿐이다.

4. 효행편 孝行篇

217 詩曰 父兮生我하시고 母兮鞠我하시니
哀哀父母여 生我劬勞샷다
欲報深恩인대 昊天罔極이로다

【훈음】 兮 어조사 혜 鞠 기를 국 劬 수고로울 구 昊 하늘 호 罔 없을 망 極 다할 극

【어휘】 **詩**:《시경詩經》으로 삼경三經의 하나. • **劬勞**:〈자식을 낳아서 기르느라고〉 힘들이고 애를 씀. • **昊天**: 원래는 서쪽하늘을 뜻하나 여기서는 하늘의 범칭汎稱.

• **兮**: 운문韻文에 많이 쓰이는 조사로, 구중句中이나 구말句末에 쓰여 쉬어가거나 감탄의 의미를 나타낸다.

《시경詩經》에 말하였다.

"아버지시여 나를 낳으시고, 어머니시여 나를 기르시니,
애닯다 부모님이시여, 나를 낳아 힘들이고 애를 쓰셨도다.
깊은 은혜를 갚고자 하나 하늘처럼 끝이 없어라."

218 子曰 孝子之事親也에 居則致其敬하고
養則致其樂(락)하고 病則致其憂하고
喪則致其哀하고 祭則致其嚴이니라

【훈음】 嚴 엄숙할 엄

• **A之B也**: A가 B할 때 • **A則B**: A는 B이다
• **養則致其樂**: 여기서 '其'는 '자식'인지 '어버이'인지 명확하지 않으나 다른 구절의 '其'가 모두 자식을 나타내므로 자식으로 보는 것이 좋겠다.

CV174407

공자孔子가 말하였다.

"효자가 어버이를 섬길 때, 〈부모님께서〉 기거起居하실 때는 그 공경을 다하고, 봉양奉養할 때는 그 기꺼운 마음을 다하며, 병病이 들었을 때는 그 근심을 다하고, 상喪을 치를 때는 그 슬픔을 다하며, 제사祭祀 지낼 때는 그 엄숙함을 다한다."

219 **伊川先生曰 人無父母**면 **生日當倍悲痛**한대 **更(갱)安忍置酒張樂(악)**하여 **以爲樂(락)**이리오 **若具慶者**는 **可矣**라

【훈음】 伊 저 이 倍 곱 배 安 어찌 안 張 베풀 장 ; 연주하다 具 갖출 구 ; 모두

【어휘】 伊川 : 중국中國 북송北宋의 유학자儒學者 정이程頤의 호號.

- **更安忍置酒張樂** : '安'은 '어찌'의 의문사로 풀이한다.
- **若具慶者 可矣** : '具慶'은 부모가 모두 생존해 계심을 이르는 말이다. 이는 오직 부모가 모두 생존하여 구경具慶이라고 칭하는 자만이 혹 이날에 놀이하여 어버이를 즐겁게 하는 일을 한다면 괜찮다고 한 것이다.

이천선생伊川先生이 말하였다.

"사람은 부모님이 계시지 않으면 생일生日에 마땅히 배로 비통悲痛해야 하는데, 도리어 어찌 차마 술자리를 벌이고 음악을 연주하여 즐거움으로 삼을 수 있겠는가? 만약 두 분 다 생존生存해 계신 사람이라면 괜찮다."

이천선생伊川先生, 만고제회도상

220 孝順은 還生孝順子요 忤逆은 還生忤逆兒하나니
不信커든 但看簷頭水하라 點點滴滴不差移니라

【훈음】 還 또 환 忤 거스를 오 逆 거스를 역 簷 처마 첨 頭 머리 두 ; 끝
點 점(점을 찍다) 점 滴 물방울 적 差 어긋날 차

【어휘】 忤逆 : 부모에게 거역하거나 그런 사람. • 點點滴滴 : 방울방울. '點點'은 작으면서 수효가 많음을 형용하는 말이고, '滴滴'은 한 방울 한 방울의 의미. • 差移 : 어긋남. 틀림.

• 點點滴滴 : 첩어疊語는 같은 글자가 겹쳐서 이루어진 복합어로 주로 의성어·의태어를 만든다.

〈부모에게〉 효도하고 순종順從하는 〈사람은〉 또한 효도하고 순한 자식을 낳고,
〈부모에게〉 거역拒逆하는 〈사람은〉 또한 거역하는 아들을 낳는다.
믿지 못하겠거든(不信) 바로 처마 끝의 낙수落水를 보라.
방울방울 떨어짐이 어긋남이 없다.

221 養子方知父母恩이요 立身方知人辛苦라

【훈음】 方 바야흐로 방 ; 비로소 辛 매울 신

【어휘】 立身 : 출세함. 여기서는 '사회생활을 함'의 뜻. • 辛苦 : 힘들고 괴로움. 고단하다.

• A方B : A라야 비로소 B하다

자식子息을 길러봐야 비로소 부모의 은혜를 알게 되고, 사회생활을 해봐야 비로소 사람의 고단함을 알게 된다.

5. 정기편 正己篇

222 性理書云 見人之善而尋己之善하고
見人之惡(악)而尋己之惡(악)이니 如此라야 方是有益이니라

【훈음】 尋 찾을 심
【어휘】 **性理書** : 송宋나라 학자들이 주창한 성명이기性命理氣의 학설을 담은 책.

- A之B : A의 B
- 人, 己 : 한 문장 내에 '人'과 '己'가 사용되면 '人'은 다른 사람을 나타내고 '己'는 자기 자신을 나타낸다.
- **方是有益** : 직역하면 '비로소 (이에) 이익이 있다'로 풀이할 수 있다. '方'은 '바야흐로, 이제 막, 비로소'의 의미이고, '是'는 굳이 풀이하지 않지만, 대명사로 보아 '이에'로 풀이하거나 '그래서'의 의미를 가진 접속사로 볼 수도 있다.

《성리서性理書》에 말하였다.
"남의 착한 점을 보고서 나의 착한 점을 찾아보고,
남의 악한 점을 보고서 나의 악한 점을 찾을 것이니, 이와 같이 하여야 비로소 이익이 있을 것이다."

223 馬援曰 聞人之過失이어든 如聞父母之名하여
耳可得聞이언정 口不可言也니라

【훈음】 援 도울 원
【어휘】 **馬援** : 후한後漢 사람으로 자는 문연文淵이며, 광무제를 도와 많은 무공武功을 세움.

- A如B : A는 B와 같다
- **耳可得聞** : '可'와 '得'이 같이 쓰인 경우로, '得'을 가능의 강조로 보기도 하고 글자대로 '얻

CV174412

어'로 풀이하기도 한다.

마원馬援이 말하였다.

"남의 과실過失을 듣거든 부모의 이름을 듣는 것처럼 하여

귀로는 들을지언정 입으로 말해서는 안 된다."

224 道吾善者는 是吾賊이요 道吾惡(악)者는 是吾師니라

【훈음】 道 말할 도 賊 도둑 적

• A是B : A는 B이다 ☞ • '是'의 뒤에 명사나 명사구가 위치하며 '~이다'로 풀이하는 서술어를 만든다. 긍정하고 판단하는 말을 나타낸다.

나의 선善을 말하는 사람은 나의 적賊이요, 나의 악惡을 말하는 사람은 나의 스승이다.

225 景行錄云 寡言擇交면 可以無悔吝하고 可以免憂辱이라

【훈음】 悔 뉘우칠 회 吝 후회할 린 辱 치욕 욕

【어휘】 悔吝 : 뉘우침. 후회함.

• 可以A : A할 수 있다

《경행록景行錄》에 말하였다.

"말을 적게 하고 〈벗을〉 가려서 사귀면 후회함〔悔吝〕이 없을 수 있고, 근심과 치욕〔憂辱〕을 면할 수 있다."

226 太公曰 勤爲無價之寶요 愼是護身之符니라

【훈음】 勤 부지런할 근 愼 삼갈 신 護 보호할 호 符 부적 부

【어휘】 太公 : 중국中國 주周나라 초엽初葉의 조신朝臣. 성은 강姜, 이름은 상尙. 속칭은 강태공姜太公. • 無價之寶 : 값을 매길 수 없는 귀중한 보물.

• 爲A 是B : A이고 B이다 ☞ • '爲'와 '是'가 서술어로 대를 이루어 사용된 경우, 둘 다 '~이다'로 풀이한다.

태공太公이 말하였다.

"근면(勤)은 값을 〈매길 수〉 없는 보배이고,

신중함(愼)은 몸을 보호하는 부적符籍이다."

227 景行錄曰 保生者는 寡慾하고 保身者는 避名이니

無慾은 易(이)나 無名은 難이니라

【훈음】 慾 욕심 욕 避 피할 피

- A者 : A하는 사람
- 保生者 : 'A者'의 패턴에서 A가 용언인 경우는 '者'를 '~사람'이나 '~라는 것'으로 풀이하고, A가 명사인 경우는 '者'를 풀이하지 않는 것이 좋다.

《경행록景行錄》에 말하였다.

"생生을 보전保全하려는 사람은 욕심을 적게 하고

몸을 보전하려는 사람은 명예保全를 피할 것이니,

욕심을 없애기는 쉬우나 명예를 바라지 않기는 어렵다."

228 子曰 君子有三戒하니

少之時엔 血氣未定이라 戒之在色하고

及其長也하여는 血氣方剛이라 戒之在鬪하고

及其老也하여는 血氣旣衰라 戒之在得이니라

【훈음】 戒 경계할 계 剛 굳셀 강 鬪 싸움 투 衰 쇠할 쇠

- 及其A也 : A함에 이르러서는
- 少之時 : '之'가 체언(명사류)을 꾸미는 관형격조사의 용법으로 쓰인 경우, '之' 앞에 나오는 관형어가 명사인 경우는 관형격조사의 풀이인 '~의'로 풀이하고, 용언인 경우는 관형격어미인 '~하는, ~할' 등으로 풀이한다.
- 及其長也 : '其'는 대명사(그, 그의, 자기, 이것 등)로 쓰인 경우 풀이하지 않는 경우가 많다.

• 戒之在色 : '之'는 주격조사로 '~이/가'로 풀이한다.

공자孔子가 말하였다.
"군자君子는 세 가지 경계警戒하는 것이 있으니
연소年少할 때는 혈기血氣가 정하여지지 않아 경계할 것이 여색女色에 있고,
장성長成함에 이르러서는 혈기가 한창 강성하니 경계할 것이 싸움에 있고,
늙음에 이르러서는 혈기가 이미 쇠해졌으니 경계할 것이 〈탐하여〉 얻으려는 데 있다."

229 景行錄曰 食淡精神爽이요 心淸夢寐安이니라

【훈음】 爽 상쾌할 상 夢 꿈 몽 寐 잠잘 매
【어휘】 夢寐 : 꿈자리.

《경행록景行錄》에 말하였다.
"음식이 담박淡泊하면 정신이 상쾌하고, 마음이 맑으면 꿈자리가 편안하다."

230 道高龍虎服하고 德重鬼神欽이라

【훈음】 欽 공경할 흠 ; 흠모하다

도道가 높으면 용과 호랑이도 복종服從하고, 덕德이 중후重厚하면 귀신도 흠모欽慕한다.

231 荀子曰 積土成山이면 風雨興焉하고
積水成淵이면 蛟龍生焉하고
積善成德이면 而神明自得하여 聖心備焉이라

【훈음】 荀 사람이름 순 淵 못 연 蛟 교룡 교 龍 용 룡 備 갖출 비
【어휘】 荀子 : 중국 주周나라 말기 전국시대戰國時代의 유가儒家. 성악설性惡說을 주장하였다.
• 神明 : 신령스럽고 이치에 밝음. • 蛟龍 : 홍수와 구름을 일으키는 전설상의 동물.

• 風雨興焉 : '焉'은 '於此'의 의미로 사용되었으나 보통 풀이하지 않고 종결사로 본다.

순자荀子가 말하였다.
"흙을 쌓아 산을 이루면 비와 바람이 일어나고,
물을 쌓아 연못을 이루면 교룡蛟龍이 생겨나고,
선善을 쌓아 덕德을 이루면 신명神明을 저절로 얻어 성인의 마음이 갖추어진다."

232 景行錄云 定心應物하면 雖不讀書라도 可以爲有德君子니라

【훈음】 應 응할 응　物 물건 물　雖 비록 수
【어휘】 定心 : 마음을 안정시킴. • 應物 : 사물의 변화에 순응함.

• 雖A : 비록 A라도

《경행록景行錄》에 말하였다.
"마음을 안정하여 사물의 〈변화에〉 대응對應하면, 비록 글을 읽지 않았더라도 덕이 있는 군자라 할 수 있다."

233 武蘇曰 一言之益은 重於千金이요 一行之虧는 毒如蛇蝎이라

【훈음】 蘇 되살아날 소 ; 사람이름　虧 이지러질 휴　毒 독 독　蛇 뱀 사　蝎 전갈 갈
【어휘】 武蘇 : 미상未詳이다.

• A於B : B보다 A하다
• 一言之益 : '한마디 말의 이로움'이라고 풀이하여야 하나 '之'의 앞뒤를 바꿔 '이로운 한마디 말'과 같이 거꾸로 풀이하는 것이 자연스러운 경우도 있다.

무소武蘇가 말하였다.
"이로운 한마디 말은 천금千金보다 무겁고, 그릇된 한 가지 행동은 독사나 전갈처럼 독하다."

234 近思錄云 懲忿如救火하고 窒慾如防水하라

【훈음】 懲 징계할 징 ; 제지하다　忿 성낼 분　窒 막을 질　慾 욕심 욕　防 막을 방

【어휘】 **近思錄** : 송宋나라의 주희朱熹와 여조겸呂祖謙이 함께 편찬한 책.

• **A如B** : A를 B처럼 하다 ☞ 'A如B'는 'A는 B와 같다'로 풀이하거나 'A를 B처럼 하다'로 풀이한다. 이 경우는 'A를 B처럼 하다'로 풀이한다.

《근사록近思錄》에 말하였다.

"성냄을 제지하기를 불을 끄듯이 하고, 욕심 막기를 물을 막듯이 하라."

235 增廣賢文云 酒中不語는 眞君子요 財上分明은 大丈夫니라

【훈음】 **丈** 어른 **장** **增** 더할 **증** **廣** 넓을 **광** **眞** 참 **진**

【어휘】 **增廣賢文** : 《증광석시현문增廣昔時賢文》을 뜻한다. 중국 명조明朝 시기에 편찬한 아동계몽서로 격언과 속담을 모은 책이다. 작자作者는 미상未詳이다.

• **財上** : 여기서 '上'은 명사 뒤에 붙는 접미사로, 사물의 분야나 범위를 나타낸다.

《증광현문增廣賢文》에 말하였다.

"취중에 말하지 않는 것이 참다운 군자君子요,

재물에 대하여 분명한 것이 대장부大丈夫이다."

236 德勝財爲君子요 財勝德爲小人이라

【훈음】 **德** 큰 **덕** **勝** 이길 **승**

• **爲君子** : '爲'는 '되다', '하다', '~이다'로 주로 풀이한다. 여기서는 '되다'로 풀이하였다.

덕德이 재물 財物을 이기면 군자君子가 되고, 재물이 덕을 이기면 소인小人이 된다.

237 萬事從寬이면 其福自厚니라

【훈음】 **從** 좇을 **종** **寬** 너그러울 **관** **厚** 두터울 **후**

모든 일에 너그러움을 좇으면 그 복이 저절로 두터워진다.

238 太公曰 欲量他人인댄 先須自量하라
傷人之語는 還是自傷이니
含血噴人이면 先汚其口니라

【훈음】 量 헤아릴 량 傷 해칠 상 還 도리어 환 含 머금을 함 噴 뿜을 분 汚 더러워질 오

• **還是自傷** : '還是'는 예상이나 기대 또는 일반적인 생각과는 반대되거나 다르다는 의미인 '도리어'로 풀이하였다. 그 외에 '또', '아니면', '돌아가다'의 의미로 사용되기도 한다.

태공太公이 말하였다.
"남을 헤아리려 한다면 먼저 반드시 자신을 헤아려라.
남을 해치는 말은 도리어 스스로를 해치는 것이니,
피를 머금어 남에게 뿜으면 먼저 자기의 입이 더러워진다."

239 太公曰 瓜田에 不納履하고 李下에 不整冠하라

【훈음】 瓜 오이 과 納 들일 납 ; 신다 履 신 리 整 가지런히 할 정 冠 갓 관
【어휘】 **納履** : 신을 신음.
【해설】 남의 의심을 받기 쉬운 일은 하지 말라는 뜻으로 군자는 미연未然을 막아 혐의 사이에 처하지 않는다는 뜻이다. 곽무천郭茂倩의《악부시집樂府詩集》중〈군자행君子行〉시에 나온다.

태공太公이 말하였다.
"〈남의〉 외밭에서 짚신을 고쳐 매지 말고 〈남의〉 오얏나무 아래에서 갓을 바르게 하지 말라."

태공太公, 만고제회도상

240 太公曰 家中有惡(악)이면 外已知聞이요 身有德行이면 人自稱傳이라

【훈음】 **稱** 일컬을 **칭** ; 칭찬하다

• **家中有惡** : '有' 앞에 제시된 주어가 장소를 나타내는 경우 '~에'로 풀이한다.

태공太公이 말하였다.
"집안에 나쁜 〈일이〉 있으면 밖에서 이미 알고서 알리고,
몸에 덕행德行이 있으면 사람들이 저절로 칭찬하며 전한다."

241 門內有君子면 門外君子至요
門內有小人이면 門外小人至라

• **有A** : A(대상)가 있다 ☞ '有'의 앞에는 주어뿐만 아니라 위치, 장소 등을 나타내는 말이 온다.

집안에 군자君子가 있으면 문밖에 군자가 이르고,
집안에 소인小人이 있으면 문밖에 소인이 이른다.

6. 안분편 安分篇

242 知足者는 貧賤亦樂이요 不知足者는 富貴亦憂니라

- A者 : A한 사람
- 知足者 : '만족할 줄 아는 사람은'으로 풀이한다. 앞에 제시된 관형어 '知足'이 '者'를 수식하는 형태이다.

만족할 줄 아는 사람은 가난하고 천賤하여도 또한 즐겁고, 만족할 줄 모르는 사람은 부富하고 귀貴하여도 또한 근심한다.

243 知足常足이면 終身不辱하고 知止常止면 終身無恥니라

【훈음】 辱 욕될 욕　恥 부끄러울 치

- 不辱 : '不' 뒤에는 동사류가 와서 '~하지 않다'로 풀이하고, '非' 뒤에는 명사류가 와서 '~이/가 아니다'로 풀이한다.
- 無恥 : '無'나 '有' 뒤에는 명사류가 와서 '~이 없다', '~이 있다'로 풀이한다.

만족할 줄 알아 늘 만족스러워하면 종신終身토록 욕辱되지 아니하고, 그칠 줄을 알아 늘 그치면 종신토록 부끄러움이 없을 것이다.

244 方上不足하고 比下有餘라

【훈음】 方 모 방 ; 비교하다　比 견줄 비　餘 남을 여

【해설】 자기보다 나은 사람과 비교하면 부족해 보이지만, 자기보다 못한 사람과 비교하면 넉넉해 보일 것이니, 분수에 지나치게 욕심을 부리지 말고 만족할 줄 알아야 한다.

- 方A 比B : 'A와 비교하고 B와 비교하다'로 풀이하며, 두 한자가 합하여 '비교함(方比)'의 뜻

CV174432

으로 쓰이기도 한다.

위와 비교比較하면 만족하지 아니하고, 아래와 비교하면 남음이 있다.

245 **擊壤詩云 安分身無辱**이요 **知幾心自閑**이라
雖居人世上이나 **却是出人間**이니라

【훈음】 **擊** 칠 **격** **壤** 땅 **양** **辱** 욕될 **욕** **幾** 기미 **기** **閑** 한가할 **한** **雖** 비록 **수** **却** 도리어 **각**
【어휘】 **擊壤詩** : 송나라 강절康節 소옹邵雍의 시이다. 《이천격양집伊川擊壤集》에 들어 있다.
• **知幾** : '幾'는 미처 드러나지 않은 기미나 조짐을 가리킨다.
• **却是出人間** : '是'는 '~이다'이고, '出'은 '벗어나다'이다.

《격양시擊壤詩》에 말하였다.
"분수分數에 편안해하면 몸에 욕辱됨이 없고, 기미幾微를 알면 마음이 저절로 한가閑暇할 것이니, 비록 인간 세상에 살더라도 도리어 인간 세상을 벗어나는 것이다."

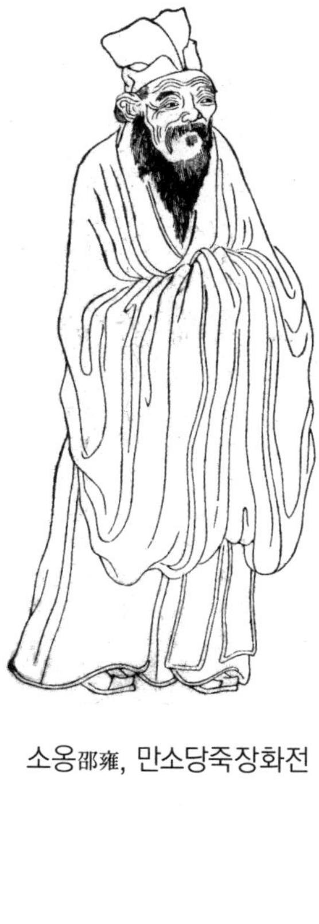

소옹邵雍, 만소당죽장화전

246 汪信民嘗言 人常咬得菜根이면 則百事可做니라

【훈음】 汪 넓을 왕 咬 깨물 교 菜 나물 채 百 일백 백 ; 모두 做 지을 주
【어휘】 **汪信民** : 송宋나라의 학자인 왕혁汪革으로, 신민信民은 그의 자字이다. 강서시파江西詩派에 속한다. • **菜根** : 먹을 수 있는 채소의 뿌리로, 보잘것없는 음식을 비유적으로 이르는 말.
【해설】 항상 청빈淸貧한 생활을 할 수 있는 사람은 두려울 것이 없으므로 어떤 일이라도 할 수 있다.

- **A則B** : A하면 B하다
- **百事** : 문장에 쓰인 '百', '千', '萬' 등의 숫자는 숫자 자체의 의미가 아니라 '온갖, 모든'의 뜻으로 주로 쓰인다.

왕신민汪信民이 일찍이 말하였다.
"사람이 늘 풀뿌리를 씹을 수 있다면 어떤 일이라도 할 수 있을 것이다."

247 子曰 不在其位하여는 不謀其政이니라

【훈음】 位 자리 위 ; 지위 謀 도모할 모 政 정사 정
【해설】 자신이 맡은 직분職分에 충실할 것이지, 자신과 상관없는 다른 사람의 일에 대해서는 함부로 관여하지 않아야 한다.

- **不A 不B** : A하지 않으면 B하지 않는다 • '不'과 같은 부정사는 서술어의 앞에 놓인다.
- **不在其位 不謀其政** : 복합문에서 두 문장이 부정문일 때, 앞 문장이 가정이나 조건을 나타내는 경우가 많다.

공자孔子가 말하였다.
"그 지위에 있지 않으면, 그 정사政事를 도모하지 않는 것이다."

7. 존심편 存心篇

248 擊壤詩云

富貴如將智力求면 仲尼年少合封侯라

世人不解青天意하고 空使身心半夜愁니라

【훈음】 擊 칠 격 壤 땅 양 仲 버금 중 尼 여승 니 封 봉할 봉 侯 제후 후
空 빌 공 ; 부질없이 愁 근심 수

【어휘】 擊壤詩 : 송宋나라 강절康節 소옹邵雍의 시.

• 如A : 만약 A라면 • 將AB : A로써 B하다 • 使AB : A로 하여금 B하게 하다
• 將智力求 : '將'은 '以'와 같은 의미로 '~로써'의 의미이다.

《격양시擊壤詩》에 말하였다.

"부귀富貴를 만약 지혜와 힘으로 구할 수 있다면,

중니仲尼(공자孔子)도 젊은 나이에 제후諸侯에 봉해졌음이 합당하다.

세상 사람들은 푸른 하늘(靑天)의 뜻을 알지 못하고,

부질없이 몸과 마음으로 하여금 한밤중까지 근심하게 한다."

249 子曰 聰明思睿라도 守之以愚하고

功被天下라도 守之以讓하고

勇力振世라도 守之以怯하고

富有四海라도 守之以謙이니라

【훈음】 聰 귀밝을 총 睿 밝을 예 被 입을 피 ; 덮다 讓 겸손할 양 振 떨칠 진 怯 겁낼 겁

CV174438

• 守之以愚 : '어리석음으로써(以愚) 자기를(之) 지키다(守)'로 풀이한다.

공자孔子가 말하였다.

"총명聰明하고 생각이 밝더라도 어리석음으로 자기를 지키고,

공功이 천하에 덮히더라도 겸양謙讓으로 자기를 지키고,

용맹勇猛이 세상에 떨쳐지더라도 두려움으로 자기를 지키고,

부유하기가 온 세상을 소유하더라도 겸손謙遜으로 자기를 지키는 것이다."

250 百巧百成이 不如一拙이라

【훈음】 巧 공교할 교 拙 못날 졸 ; 질박하다

【해설】 다양한 재주로 여러 가지를 이루는 것보다는 부족하더라도 한 가지 일을 꾸준하고 성실하게 하는 것이 낫다.

• A不如B : A는 B만 못하다

백 가지 기교技巧로 백 가지를 이루는 것이 하나의 질박質樸함만 못하다.

251 施恩勿求報하고 與人勿追悔하라

【훈음】 追 쫓을 추 ; 후회하다 悔 뉘우칠 회

【어휘】 追悔 : 후회함.

• 勿A : A하지 말라

은혜恩惠를 베풀었다면 보답報答을 바라지 말고,

남에게 주었거든 후회後悔하지 말라.

252 孫思邈曰 膽欲大而心欲小하고 知欲圓而行欲方이니라

【훈음】 邈 멀 막 膽 쓸개 담 ; 담력 知(=智) 지혜 지 圓 원만할 원 方 모 방 ; 바르다

【어휘】 **孫思邈** : 수隋, 당唐나라 사람으로, 제자백가諸子百家의 학설에 정통했다고 함.

- **A而B** : A하되 B하다
- **膽欲大而心欲小** : '而'는 문장과 문장을 연결하는 접속사로 다양하게 사용되며, 순접의 의미인 '~하고', 역접의 의미인 '~하나'로 주로 쓰인다. 여기서는 앞의 문장을 인정하는 조건으로 '~하되'로 풀이하고 있다.
- **知欲圓而行欲方** : '圓'은 '모난 데가 없이 부드럽다'는 뜻이고, '方'은 '바르고 반듯하다'는 뜻으로 서로 대對를 이루고 있다.

손사막孫思邈이 말하였다.

"담력膽力은 크게 하려 하되 마음은 섬세纖細하려 하고,

지혜智慧는 원만圓滿하려 하되 행동은 방정方正하려 하라."

손사막孫思邈, 삼재도회

253 景行錄云 誠無悔하고 恕無怨하며 和無讎하고 忍無辱이라

【훈음】 悔 뉘우칠 회 恕 용서할 서 怨 원망할 원 讎 원수 수 忍 참을 인 辱 치욕 욕

《경행록景行錄》에 말하였다.

"정성스러우면 후회後悔가 없고, 용서하면 원망怨望이 없으며,

화목하면 원수怨讐가 없고, 참으면 치욕恥辱이 없을 것이다."

254 朱文公曰 守口如甁하고 防意如城하라

【훈음】 甁 병 병

【어휘】 朱文公 : 주희朱熹의 성姓과 시호諡號를 아울러 부른 말.

• A如B : A를 B와 같이 하다

주문공朱文公이 말하였다.

"입 지키기를 병 입구 〈막는〉 것처럼 하고, 〈나쁜〉 뜻 막기를 성을 지키는 것처럼 하라."

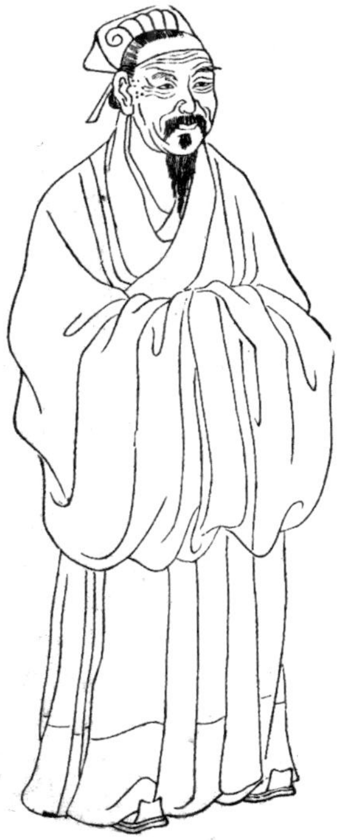

주문공朱文公, 삼재도회

255 景行錄云 貪是逐物於外요 欲是情動於中이라

【훈음】 貪 탐할 탐 逐 좇을 축

【해설】 겉으로 보이는 물질을 탐貪하는 마음과 마음속의 욕심을 잘 다스려 탐욕貪欲을 경계하라는 뜻이다.

- A是B : A는 B이다
- 貪是逐物於外 : '是'는 '~이다'로 풀이한다. 이 경우 '是' 뒤에는 명사구가 온다.

《경행록景行錄》에 말하였다.

"탐貪은 밖에서 물질을 좇는 것이고, 욕欲은 안에서 정情이 움직이는 것이다."

256 各人自掃門前雪이요 莫管他家屋上霜하라

【훈음】 各 각각 각 掃 쓸 소 莫 없을 막 ; 말다 管 피리 관 ; 관할하다

【해설】 자기가 할 일은 스스로 하고, 남의 일에는 쓸데없이 관여하지 말라.

- 莫A : A하지 말라

각자 스스로 문 앞의 눈을 쓸 것이지 남의 집 지붕 위 서리에 관여하지 마라.

257 心不負人이면 面無慙色이니라

【훈음】 負 질 부 ; 저버리다 慙 부끄러울 참

- 不A 無B : A하지 않으면 B가 없다

마음이 남을 저버리지 않으면 얼굴에 부끄러운 빛이 없을 것이다.

258 人無百歲人이나 枉作千年計니라

【훈음】 歲 나이 세 枉 굽을 왕 ; 부질없다 作 지을 작

사람은 백 살을 사는 사람이 없건만 부질없이 천 년의 계획을 세운다.

259 兒孫自有兒孫福이니 莫與兒孫作遠憂하라

【훈음】 莫 없을 막 ; 말다
【어휘】 兒孫 : 아들과 손자. 또는 후손. • 遠憂 : 깊은 근심.

자손子孫들은 각자 자손들의 복이 있으니, 자손들에게 주고자 깊은 근심을 하지 말라.

260 無求勝布(보)施요 謹守勝持戒라

【훈음】 勝 이길 승 ; 낫다 布 베 포 ; 보시 보 謹 삼갈 근 持 가질 지 ; 지키다 戒 경계 계
【어휘】 布施 : 남에게 조건 없이 베푸는 것. • 謹守 : 조심스럽게 지킴.
• 持戒 : 계율을 지켜 범하지 않음.

• A勝B : A가 B보다 낫다 ☞ 無求勝布施 : '요구하지 않음이 은덕을 베푸는 것보다 낫다'는 문장으로 '勝' 뒤에 우등 비교를 만드는 '於'가 '布施' 앞에 생략된 형태이다.

요구要求하지 않음이 은덕恩德을 베푸는 것보다 낫고, 조심스럽게 지키는 것이 계율戒律을 지키는 것보다 낫다.

261 景行錄云 責人者는 不全交요 自恕者는 不改過니라

【훈음】 恕 용서할 서
【어휘】 自恕者 : 스스로 용서하는 사람. 즉 스스로에게 관대한 사람을 뜻함.

• 不全交 : '온전히 사귈 수 없다' 또는 '사귐을 온전히 할 수 없다'로 풀이한다.

《경행록景行錄》에 말하였다.
"남을 꾸짖는 사람은 사귐을 온전히 할 수 없고,
스스로에게 관대한 사람은 허물을 고치지 못한다."

262 以愛妻子之心事親이면 則曲盡其孝요
以保富貴之心奉君이면 則無往不忠이요
以責人之心責己면 則寡過요
以恕己之心恕人이면 則全交니라

【훈음】 事 일 사 ; 섬기다 曲 굽을 곡 ; 자세하다 奉 받들 봉 恕 용서할 서
【어휘】 曲盡 : 남김없이 다함.

- 以AB : A로써 B하다
- 無A 不B : A마다 B하지 않음이 없다/어느 A건 B하지 않음이 없다 ☞ 無往不忠 : '가는 데마다 충성하지 않음이 없을 것이다'로 풀이하며 이중부정을 나타낸다.

아내와 자식을 사랑하는 마음으로 어버이를 섬기면 그 효도를 다할 것이고,
부귀를 보전하려는 마음으로 임금을 받들면 가는 데마다 충성하지 않음이 없을 것이고,
남을 책망責望하는 마음으로 자기를 책망하면 허물이 적을 것이고,
자기를 용서하는 마음으로 남을 용서하면 사귐을 온전히 할 것이다.

263 生事事生이요 省(생)事事省(생)이니라

【훈음】 省 살필 성 ; 덜 생

일을 만들면 일이 생기고, 일을 줄이면 일이 줄어든다.

264 柔弱護身之本이요 剛强愆禍之因이라

【훈음】 護 보호할 호 剛 굳셀 강 愆 허물 건 禍 재앙 화
【어휘】 柔弱 : 부드러움 또는 온화하고 겸손함.

부드러운 〈성품은〉 몸을 지키는 근본이고, 강한 〈성품은〉 허물과 재앙災殃의 원인이다.

8. 계성편 戒性篇

265 景行錄云 人性如水하여
水一傾則不可復이요 性一縱則不可反이니
制水者는 必以堤防하고 制性者는 必以禮法이니라

【훈음】 傾 기울 경　縱 방종할 종　制 제어할 제　堤 둑 제

• A則B : A이면 B이다　　• 必A : 반드시 A하여야 한다

《경행록景行錄》에 말하였다.
“사람의 성품性品은 물과 같아서
물이 한번 쏟아지면 회복할 수 없듯이 성품이 한번 방종放縱해지면 돌이킬 수 없으니,
물을 제어하는 것은 반드시 제방堤防으로 하고 성품을 제어하는 것은 반드시 예법禮法으로 하여야 한다.”

266 忍一時之忿이면 免百日之憂니라

【훈음】 忿 성낼 분

한때(一時)의 분함을 참으면 백 일의 근심을 면한다.

267 愚濁生嗔怒는 皆因理不通이라
休添心上火하고 只作耳邊風하라

CV174455

長短家家有요 炎涼處處同이라
是非無實相하여 究竟摠成空이니라

【훈음】 濁 흐릴 탁 嗔 성낼 진 怒 성낼 노 添 더할 첨 邊 가 변 竟 마침내 경 摠 모두 총
【어휘】 愚濁 : 어리석고 흐린 자〔愚濁之人〕. • 究竟 : 마침내. 결국.

• 休添心上火 : '休'는 금지사로, '勿'의 뜻으로 사용되었으며, '心上'의 '上'은 접미사로 일정한 장소나 범위·방면을 나타내며 따로 풀이하지 않는다.
• 是非無實相 : '시비是非는 〈본래〉 실상이 없다'는 것은 옳고 그름은 본래 실질적 형상이 있는 것이 아니라, 상대적인 것에 불과하다는 의미이다.

어리석고 혼탁한 자가 성을 내는 것은 모두 이치에 통하지 못하기 때문이다.
마음에 화를 더하지 말고 다만 귓가에 〈스치는〉 바람으로 여겨라.
장점과 단점은 집집마다 있고 〈인정人情이〉 덥고 차가운 것은 곳곳마다 같다.
시비是非는 실상이 없어서 끝내는 모두가 헛것이 된다.

268 景行錄云 屈己者는 能處重하고 好勝者는 必遇敵이니라

【훈음】 屈 굽힐 굴 遇 만날 우

《경행록景行錄》에 말하였다.
"자기를 굽히는 자는 중요한 지위에 처할 수 있고,
이기기를 좋아하는 사람은 반드시 적수敵手를 만난다."

269 張敬夫曰
小勇者는 血氣之怒也요 大勇者는 理義之怒也라
血氣之怒는 不可有요 義理之怒는 不可無니
知此면 則可以見情性之正而識天理人欲之分矣리라

【어휘】 張敬夫 : 송宋나라 사람 장식張栻의 성과 자를 아울러 이른 말.

• A者B也 : A는 B이다

장경부張敬夫가 말하였다.
"작은 용기는 혈기血氣의 노함이요, 큰 용기는 의리義理의 노함이다.
혈기血氣의 노함은 있어서는 안 되고, 의리義理의 노함은 없어서는 안 되니,
이것을 안다면 성정情性의 바름을 보아서 천리天理와 인욕人欲의 구분을 알 수 있을 것이다."

270 惡(악)人이 罵善人이면 善人은 摠不對하라
不對면 心清閑이요 罵者는 口熱沸니라
正如人唾天이면 還從己身墜니라

【훈음】 罵 꾸짖을 매 摠 모두 총 沸 끓을 비 唾 침 타 還 도리어 환 墜 떨어질 추

• 正如A : 바로 A와 같다
• 人唾天 還從己身墜 : '제 얼굴에 침 뱉기'라는 속담과 뜻이 같다.
• 還從己身墜 : '도로〔還〕 자기 몸을〔己身〕 좇아〔從〕 떨어지다〔墜〕'로 직역할 수 있다.

악한 사람이 착한 사람을 꾸짖으면 착한 사람은 모두 대꾸하지 마라.
대꾸하지 않으면 마음이 맑고 한가로우며, 꾸짖는 자는 입이 뜨겁게 끓게 된다.
바로 사람이 하늘에 침을 뱉으면 도로 자기 몸에 떨어지는 것과 같다.

271 凡事에 留人情이면 後來에 好相見이니라

• 後來 : '來'는 어기사語氣詞로서 구句 중에 쓰여 음절을 완전하게 채우거나 어기를 누그러뜨리는 역할을 한다.

모든 일에 인정人情을 남기면 훗날에 좋게 서로 볼 것이다.

9. 근학편 勤學篇

272 **子夏曰 博學而篤志**하고 **切問而近思**면 **仁在其中矣**니라

【훈음】 **博** 넓을 **박** **篤** 도타울 **독** **切** 간절할 **절**

【어휘】 **子夏** : 중국 전국시대戰國時代의 학자. 공자의 제자로 공문십철孔門十哲의 한 사람.
• **切問** : 간절히 물음. • **近思** : 자기 몸 가까이에서 진리를 생각해 찾아내는 것.

자하子夏가 말하였다.

"널리 배우고 뜻을 두텁게 하며 간절히 묻고 가까이 생각하면 인仁이 그 가운데 있다."

자하子夏, 성현상찬

장자莊子, 삼재도회

273 **莊子曰 人之不學**은 **如登天而無術**이니
學而智遠이면 **如披祥雲而覩靑天**하고 **登高山而望四海**니라

【훈음】 **莊** 씩씩할 **장** **術** 재주 **술** **智** 지혜 **지** **披** 헤칠 **피** **祥** 상서로울 **상** **覩** 바라볼 **도**

【어휘】 **莊子** : 중국中國 전국시대戰國時代의 사상가思想家로 저서에 《장자莊子》가 있다. 다만 이

CV174462

글은《장자》에 실려 있지 않다.

> • A之B : A가 B하다 • A如B : A는 B와 같다
> • 人之不學 如登天而無術 : 'A는 B와 같다'의 형식으로 비교의 문장이 아니라 비유를 나타내는 문장이다.

장자莊子가 말하였다.

"사람이 배우지 않으면 하늘에 오르려는데 재주가 없는 것과 같고,

배워서 지혜智慧가 원대해지면 상서로운 구름을 헤치고 푸른 하늘을 보며, 높은 산에 올라 사해四海를 바라보는 것과 같다."

274 禮記曰 玉不琢이면 不成器하고 人不學이면 不知道니라

【훈음】 琢 쪼을 탁 器 그릇 기

【어휘】 禮記 : 유교의 경전으로 예의禮儀 이론理論과 실제實際를 풀이해 적은 오경五經의 하나.

> • 不A 不B : A하지 않으면 B하지 못하다
> • 玉不琢 : '옥이 다듬어지지 않다'의 피동문으로 풀이하여야 하나, 우리말은 사물이 주어로 오는 것을 꺼리므로 '옥을 다듬지 않다'의 능동문으로 풀이한다.

《예기禮記》에 말하였다.

"옥玉을 다듬지 않으면 그릇을 이루지 못하고,

사람이 배우지 않으면 도의道義를 알지 못한다."

275 太公曰 人生不學이면 冥冥如夜行이니라

【훈음】 冥 어두울 명

【어휘】 冥冥 : 어둑어둑한 상태, 곧 배우지 않아서 지식이 부족하기 때문에 생긴 분별력이 없는 상태를 말함.

태공太公이 말하였다.

"사람이 태어나서 배우지 않으면 캄캄한 밤길을 걷는 것(夜行) 같다."

276 朱文公曰 勿謂今日不學而有來日하며 勿謂今年不學而有來年하라 日月逝矣라 歲不我延이니 嗚呼老矣라 是誰之愆고

【훈음】 謂 이를 위 逝 갈 서 歲 세월 세 延 늘일 연 嗚 탄식할 오 誰 누구 수 愆 허물 건
【어휘】 朱文公 : 주희朱熹의 성姓과 시호諡號를 아울러 부른 말.

- 勿A : A하지 말라
- 勿謂今日不學而有來日 : '勿謂~'는 '~라고 말하지 말라'로 풀이하며 금지형의 문장이다.
- 日月逝矣 歲不我延 : '하루 한 달 세월이 훌쩍 지나갈 뿐 나를 위해 더디 가지 않는다'는 의미이다. ☞ 歲不我延 : '부정사+인칭대명사+서술어' 형태의 도치 패턴이다.

주문공朱文公이 말하였다.
"오늘 배우지 않고 내일이 있다고 말하지 말며, 금년今年에 배우지 않고 내년來年이 있다고 말하지 말라. 해와 달은 지나가니 세월歲月은 나를 기다려주지 않는다. 아! 늙었구나. 이것이 누구의 허물인가?"

277 朱文公曰 家若貧이라도 不可因貧而廢學이요
家若富라도 不可恃富而怠學이니
貧若勤學이면 可以立身이요
富若勤學이면 名乃光榮이니라

【훈음】 廢 그칠 폐 恃 믿을 시 怠 게으를 태 榮 영화 영
【어휘】 立身 : 출세함.

- 若A : 만약 A하면
- 不可A : A해서는 안 된다

주문공朱文公이 말하였다.
"집이 만약 가난하더라도 가난 때문에 배우는 것을 그만두어서는 안 되고,
집이 만약 부유富裕하더라도 부유한 것을 믿고 배우는 것을 게을리해선 안 된다.
가난한 자가 만약 부지런히 배운다면 입신立身할 수 있고,
부유한 자가 만약 부지런히 배운다면 이름이 마침내 빛날 것이다."

278 直言訣曰 造燭求明이요 讀書求理라
明以照暗室이요 理以照人心이라

【훈음】 訣 비결 결　造 지을 조　燭 촛불 촉　照 비출 조　暗 어두울 암

• A以B : A로써 B하다

《직언결直言訣》에 말하였다.
"초를 만드는 것은 밝음을 구하는 것이요 책을 읽는 것은 이치(理)를 구하는 것이다. 밝음으로 어두운 방을 비추고, 이치로 사람의 마음을 비춘다."

279 學到老면 不會到老라

【훈음】 會 모일 회 ; 깨닫다　【어휘】 不會 : 알지 못함.

배우다 늙음에 이르면 늙음에 이르렀는지 알지 못한다.

10. 훈자편 訓子篇

280 **莊子曰 事雖小**나 **不作**이면 **不成**이요 **子雖賢**이나 **不敎**면 **不明**이니라

【훈음】 **雖** 비록 수

【어휘】 **莊子** : 중국中國 전국시대戰國時代의 사상가思想家로 저서에 《장자莊子》가 있다. 다만 이 글은 《장자》에 실려 있지 않다.

- **雖A** : 비록 A하더라도
- **不A 不B** : A하지 않으면 B하지 못하다
- **不作** : '~하지 않다'의 뜻으로 '作'은 '爲'의 의미로 사용되었다.

장자莊子가 말하였다.

"일이 비록 작더라도 하지 않으면 이루지 못하고,

자식이 비록 어질더라도 가르치지 않으면 밝아지지 않는다."

281 **漢書云 黃金滿籯**이 **不如敎子一經**이요
賜子千金이 **不如敎子一藝**니라

【훈음】 **滿** 가득할 **만** **籯** 광주리 **영** **經** 글 **경** ; 경서經書 **賜** 줄 **사** **藝** 재주 **예**

【어휘】 **漢書** : 중국 전한前漢의 고조高祖에서부터 왕망王莽이 찬탈하기까지 229년 동안의 역사책.

- **A不如B** : A는 B만 못하다

《한서漢書》에 말하였다.

"황금이 상자에 가득한 것이 자식에게 하나의 경서經書를 가르치는 것만 못하고,

자식에게 천금千金을 물려주는 것이 자식에게 한 가지의 기예技藝를 가르치는 것만 못하다."

CV174470

282 至樂(락)은 莫如讀書요 至要는 莫如教子니라

【훈음】 要 요긴할 요

• 莫如A : A만 한 것은 없다 ☞ '莫如A'는 최상급의 비교를 나타내는 말로 '가장 A하다'는 의미를 갖는다.

지극히 즐거운 것은 글을 읽는 것만 한 것이 없고,
지극히 요긴한 것은 자식을 가르치는 것만 한 것이 없다.

283 呂滎公曰 內無賢父兄하고 外無嚴師友요 而能有成者 鮮矣니라

【훈음】 呂 성씨 려 滎 실개천 형 ; 사람이름 賢 어질 현 嚴 엄할 엄 鮮 드물 선
【어휘】 呂滎公 : 중국 북송北宋의 명신名臣 여희철呂希哲. 자는 원명原明, 형양군공滎陽郡公에 봉해졌으므로 형공滎公이라 불렀다. • 師友 : 스승과 벗. 가르침을 청할 만한 사람.

• 無A : A가 없다 • A而B : A이면 B하다

여형공呂滎公이 말하였다.
"안으로 어진 부형父兄이 없고, 밖으로 엄한 스승과 벗이 없으면, 성공成功할 수 있는 자가 드물 것이다."

11. 성심편 상 省心篇 上

284 景行錄云 寶貨는 用之有盡이요 忠孝는 享之無窮이니라

【훈음】 **寶** 보배 **보** **享** 누릴 **향** **窮** 다할 **궁**

- **A之有B** : A에/해도 B가 있다

《경행록景行錄》에 말하였다.

"보화寶貨는 씀에 다함이 있으나 충효忠孝는 누림에 다함이 없다."

285 父不憂心因子孝요 夫無煩惱是妻賢이라
言多語失皆因酒요 義斷親疎只爲錢이니라

【훈음】 **煩** 번거로울 **번** **惱** 번뇌할 **뇌** **斷** 끊을 **단** **疎** 소원해질 **소** **錢** 돈 **전**
【어휘】 **憂心** : 마음속의 걱정. 또는 마음속으로 우려함.

- **只A** : 다만 A일 뿐이다 • **是A** : A 때문이다 • **爲A** : A 때문이다

부모가 마음으로 근심하지 않음은 자식이 효도하기 때문이고,
남편이 번뇌煩惱가 없는 것은 아내가 어질기 때문이다.
말이 많아지고 말이 실수하게 됨은 모두 술 때문이고,
의리가 끊어지고 친한 사람이 소원疏遠해짐은 단지 돈 때문이다.

286 得寵思辱하고 居安慮危하라

【훈음】 **寵** 사랑할 **총** **辱** 욕될 **욕** **慮** 생각할 **려**

CV174474

총애寵愛를 얻거든 욕됨을 생각하고, 편안함에 거처하거든 위태로움을 생각하라.

287 **榮輕辱淺**이요 **利重害深**이니라

【훈음】 榮 영화 영

• **榮輕辱淺 利重害深** : 주술+주술, 주술+주술 구조로 이루어져 있다.

영화榮華가 가벼우면 욕됨이 적고, 이利가 무거우면 해害도 깊다.

288 **子曰 不觀高崖**면 **何以知顚墜之患**이며
不臨深泉이면 **何以知沒溺之患**이며
不觀巨海면 **何以知風波之患**이리오

【훈음】 崖 언덕 애 顚 엎어질 전 墜 떨어질 추 臨 임할 림 沒 빠질 몰 溺 빠질 닉
【어휘】 **顚墜** : 추락함. 떨어짐. • **沒溺** : 물에 빠짐.

• **何以A** : 어떻게 A하겠는가 • **A之B** : A의/하는 B

공자孔子가 말하였다.
"높은 낭떠러지(高崖)를 보지 않으면 어떻게 추락의 근심을 알 것이며,
깊은 샘(深泉)에 임하지 않으면 어떻게 물에 빠지는 근심을 알 것이며,
큰 바다(巨海)를 보지 않으면 어떻게 풍파風波의 근심을 알겠는가?"

289 **素書云 推古驗今**이 **所以不惑**이라

【훈음】 素 본디 소 推 밀 추 驗 시험 험 惑 미혹할 혹
【어휘】 **素書** : 진秦나라 말의 은사隱士인 황석공黃石公이 장량張良에게 주었다는 병서兵書.

• **所以不惑** : 미혹되지 않는 방법. 여기에서 '所以'는 방법을 나타낸다.

《소서素書》에 말하였다.

"옛 것을 미루어 지금을 증험證驗함이 미혹迷惑되지 않는 방법이다."

290 子曰 明鏡은 所以察形이요 往者는 所以知今이니라

【훈음】 鏡 거울 경

- 所以察形 : '所以'는 방법이나 도구를 나타낸다.
- 往者 : '지나간 것은'에서 문맥상 '지나간 일은'으로 풀이하였다.

공자孔子가 말하였다.

"밝은 거울은 모습을 살피는 도구(所以)요, 지나간 일은 오늘을 아는 방법(所以)이다."

291 天有不測風雨하고 人有朝夕禍福이니라

【훈음】 測 헤아릴 측 禍 재앙 화

- A有B : A에는 B가 있다

하늘에는 예측豫測하지 못하는 비바람이 있고,

사람에게는 아침저녁의 화복禍福이 있다.

292 未歸三尺土엔 難保百年身이요

已歸三尺土엔 難保百年墳이니라

【훈음】 尺 자 척 保 지킬 보 已 이미 이 墳 무덤 분

- 未A : 아직 A하지 않다
- 已A : A한 뒤에

아직 석 자 되는 흙 무덤으로 돌아가지 않았을 때에는 백 년 동안 몸을 보전하기 어렵고,

이미 석 자 되는 흙으로 돌아간 뒤에는 백 년 동안 무덤을 보전하기 어렵다.

293 景行錄云

木有所養이면 則根本固而枝葉茂하여 棟樑之材成하고

水有所養이면 則泉源壯而流派長하여 灌漑之利博하고

人有所養이면 則志氣大而識見明하여 忠義之士出이니

可不養哉아

【훈음】 葉 잎 **엽** 茂 무성할 **무** 棟 마룻대 **동** 樑 들보 **량** 材 재목 **재** 源 근원 **원**
壯 씩씩할 **장** 派 물갈래 **파** 灌 물댈 **관** 漑 물댈 **개** 博 넓을 **박**

【어휘】 **流派** : 물의 지류. • **灌漑** : 논밭에 물을 댐. • **棟樑** : 기둥과 들보를 아울러 이르는 말.
• **忠義** : 충성과 절의節義.

• **A哉** : A인가?

《경행록景行錄》에 말하였다.

"나무가 길러지는 것이 있으면 뿌리가 견고堅固해지고 가지와 잎이 무성茂盛해져 동량棟樑의 재목材木이 이루어지고,

물이 길러지는 것이 있으면 샘의 근원根源이 세차지고 물줄기가 길어져서 관개灌漑의 이익이 넓어지고,

사람이 길러지는 것이 있으면 지기志氣가 커지고 식견識見이 밝아져 충의忠義의 선비가 나오게 되니, 기르지 않을 수 있겠는가?"

294 直言訣曰 鏡以照面이요 智以照心이라

鏡明則塵埃不往이요 智明則邪惡(악)不生이라

【훈음】 訣 비결 **결** 鏡 거울 **경** 照 비출 **조** 智 지혜 **지** 塵 티끌 **진** 埃 티끌 **애**
邪 간사할 **사**

• **鏡以照面** : '以'는 '所以'로 '도구'의 의미이다.

《직언결直言訣》에 말하였다.

"거울은 얼굴을 비추는 도구이고 지혜는 마음을 비추는 도구이다.

거울이 밝으면 티끌이 다가가지 못하고, 지혜가 밝으면 사악邪惡한 것이 생기지 않는다."

295 左傳曰 意合則吳越相親이요 意不合則骨肉爲讐敵이라

【훈음】 吳 나라이름 오 越 나라이름 월

【어휘】 **左傳** : 《춘추좌씨전春秋左氏傳》으로 《좌씨전左氏傳》이라고도 함. 노魯나라 역사책인 《춘추春秋》의 해설서. • **吳越** : 춘추시대 오와 월을 뜻하며 적대 관계를 뜻한다. • **骨肉** : 부모·형제·자녀처럼 매우 가까운 사이를 비유하는 말.

《춘추좌씨전春秋左氏傳》에 말하였다.
"뜻이 맞으면 오吳나라와 월越나라도 서로 친해질 수 있고
뜻이 맞지 않으면 부모·형제도 원수나 적이 될 수 있다."

296 疑人莫用하고 用人勿疑니라

【훈음】 疑 의심할 의

• **莫A** : A하지 말라 • **勿A** : A하지 말라

사람을 의심하면 쓰지 말고, 사람을 썼으면 의심하지 마라.

297 諷諫云 水底魚天邊雁은 高可射兮低可釣어니와 惟有人心咫尺間이나 咫尺人心不可料니라

【훈음】 諷 풍자할 풍 諫 간할 간 邊 가 변 低 낮을 저 釣 낚시할 조 咫 길이 지
料 헤아릴 료

【어휘】 **諷諫** : 한나라 때 위맹韋孟이 지은 〈풍간시諷諫詩〉. • **咫尺** : 매우 가까움. 또는 그 거리.

• **高可射兮** : '兮'는 어조語調를 고르거나 감탄적인 어기語氣를 나타낼 때 쓰인다.

《풍간諷諫》에 말하였다.
"물 밑의 물고기와 하늘가의 기러기는 높아도 쏘아 맞힐 수 있고, 낮아도 낚을 수 있지만,
오직 사람의 마음은 지척咫尺간에 있음에도 지척에 있는 사람의 마음은 헤아릴 수 없다."

298 天可度(탁)而地可量이나 惟有人心不可料라

【훈음】 度 헤아릴 **탁**　量 헤아릴 **량**　惟 오직 **유**
【어휘】 惟有 : 다만. 오직.

- 天可度 : '하늘이 헤아려질 수 있다'의 피동으로 해석되어야 하나 우리말의 특징상 '하늘을 헤아릴 수 있다'의 능동으로 해석하여야 한다.

하늘을 헤아릴 수 있고 땅도 헤아릴 수 있지만, 오직 사람의 마음만은 헤아릴 수 없다.

299 畫虎畫皮難畫骨이요 知人知面不知心이니라

【훈음】 虎 범 **호**　皮 가죽 **피**

범을 그리는데 가죽을 그릴 수 있으나 뼈를 그리기 어렵고,
사람을 아는데 얼굴을 알지만 마음을 알 수 없다.

300 對面共話로되 心隔千山이라

【훈음】 對 대할 **대**　話 이야기 **화**　隔 사이 뜰 **격** ; 막다

얼굴을 맞대고 함께 이야기는 하지만, 마음은 천 개의 산에 막혀있다.

301 若聽一面說이면 便(변)見相離別이니라

【훈음】 聽 들을 **청**　面 얼굴 **면** ; 쪽　說 말씀 **설**　便 편할 **편** ; 곧 **변**　離 떠날 **리**
別 이별할 **별**

- 見(A)B : (A에게) B하게 되다
- 便見相離別 : '見'은 '~게 되다'의 의미로 피동문을 만든다.

만약 한 편의 말만 들으면 곧 서로 이별하는 것을 보게 된다.

302 禮義生於富足이요 盜賊起於饑寒이라

【훈음】 足 발 족 ; 넉넉하다 盜 도둑 도 賊 도둑 적 饑 굶주릴 기
【어휘】 富足 : 부유하고 풍족함.

• A於B : B에서 A하다

예의禮義는 부유함과 넉넉함에서 생기고, 도적盜賊은 굶주림과 추위에서 일어난다.

303 說苑云 財者君子之所輕이요 死者小人之所畏라

【훈음】 畏 두려워할 외
【어휘】 說苑 : 한漢나라 유향劉向이 지은 책. 군도君道·신술臣術 등 20편篇으로 분류하여 명인名人들의 일화逸話를 수록하였음.

• A之所B : A가 B한 것

《설원說苑》에 말하였다.
"재물財物은 군자가 가볍게 여기는 것이고, 죽음은 소인이 두려워하는 것이다."

304 疏廣曰 賢而多財則損其志하고 愚而多財則益其過니라

【훈음】 疏 성길 소 損 덜 손 愚 어리석을 우
【어휘】 疏廣 : 한漢나라 사람으로, 자는 중옹仲翁이다.

• A而B : A하면서 B하다 • A則B : A하면 B하다

소광疏廣이 말하였다.
"어질면서 재물이 많으면 그 뜻을 손상損傷하고,
어리석으면서 재물이 많으면 그 허물을 더한다."

305 不經一事면 不長一智니라

【훈음】 經 지날 경 長 길 장 ; 자라다 智 지혜 지

• 不A 不B : A하지 않으면 B하지 않는다

한 가지 일을 겪지 않으면, 한 가지 지혜智慧가 자라지 않는다.

306 是非終日有라도 不聽自然無니라

【훈음】 聽 들을 청
【어휘】 是非 : 잘잘못을 따짐.

시비是非가 종일토록 있을지라도, 듣지 않으면 저절로 없어진다.

307 有麝自然香이니 何必當風立고

【훈음】 麝 사향 사 香 향기로울 향
【어휘】 當風 : 바람을 바로 맞다.
【해설】 고명한 인품을 가지면 저절로 향기가 나듯 알려질 것이니, 억지로 자신을 알리려 할 필요가 없다.

• 何必A : 어찌 반드시 A하겠는가?

사향麝香이 있으면 저절로 향기로울 것이니, 어찌 꼭 바람을 맞으며 서겠는가?

308 有福莫享盡하라 福盡身貧窮이요
有勢莫使盡하라 勢盡冤相逢이니라
福兮常自惜이요 勢兮常自恭하라
人生驕與侈는 有始多無終이라

【훈음】 享 누릴 향 窮 다할 궁 勢 권세 세 使 부릴 사 冤 원수 원 兮 어조사 혜 惜 아낄 석 恭 공손할 손 驕 교만할 교 侈 사치할 치

• 莫A : A하지 말라 • A與B : A와 B

복福이 있어도 다 누리지 마라. 복이 다하면 몸이 빈궁貧窮해진다.

권세權勢가 있어도 다 부리지 마라. 권세가 다하면 원수와 서로 만난다.

복은 항상 스스로 아끼고, 권세는 항상 스스로 공손하라.

인생에 교만驕慢과 사치奢侈는 시작은 있으나 대부분 끝이 없다.

309 漢書云 勢交者近이라가 勢竭而亡하고
財交者密이라가 財盡而疎하고
色交者親이라가 色衰而絶이라

【훈음】 竭 다할 갈 密 빽빽할 밀 ; 가까이하다 疎 멀리할 소 衰 쇠할 쇠 絶 끊어질 절
【어휘】 漢書 : 전한前漢의 역사서.

• A而B : A하면 B하다

《한서漢書》에 말하였다.

"세력으로 사귀는 자는 가깝다가 세력이 다하면 없어지고,

재물財物로 사귀는 자는 친밀親密하다가 재물이 다하면 멀어지고,

색色으로 사귀는 자는 친밀하다가 미모가 쇠하면 끊어진다."

310 黃金千兩未爲貴요 得人一語勝千金이라

【훈음】 勝 이길 승 ; 낫다 兩 두 량 ; 화폐의 단위

• A勝B : A가 B보다 낫다

황금 천 냥이 귀한 것이 아니고,

사람의 〈좋은〉 말 한마디를 얻는 것이 천금千金보다 낫다.

311 好言難得이요 惡語易(이)施라

【훈음】 易 쉬울 이 施 베풀 시

좋은 말은 얻기 어려우나, 나쁜 말은 내뱉기 쉽다.

312 **小船難堪重載**요 **深逕不宜獨行**이라

【훈음】 船 배 선 堪 견딜 감 載 실을 재 逕 오솔길 경 宜 마땅할 의 獨 홀로 독

작은 배는 무거운 짐을 감당하기 어렵고,
깊숙한 길은 혼자 다니기에 마땅하지 않다.

313 **人爲財死**요 **鳥爲食(사)亡**이라

【훈음】 爲 때문 위 食 먹을 식 ; 먹이 사

• **人爲財死** : '爲'는 '때문'이라는 뜻으로 '以'와 같은 의미로 사용되었다.

사람은 재물 때문에 죽고, 새는 먹이 때문에 죽는다.

314 **景行錄云 利可共而不可獨**이요 **謀可寡而不可衆**이라
獨利則敗하고 **衆謀則泄**이라

【훈음】 獨 홀로 독 謀 도모할 모 寡 적을 과 衆 많을 중 泄 샐 설

《경행록景行錄》에 말하였다.
"이익利益은 공유共有해야지 독식獨食해서는 안 되며, 모의는 적은 사람과 해야지 많은 사람과 해서는 안 된다.
이익을 독식하면 실패하고, 여러 사람이 모의하면 누설漏泄된다."

315 **不孝怨父母**하고 **貧苦恨財主**라

【훈음】 恨 한할 한 ; 원망하다
【어휘】 財主 : 재물의 소유자.

불효자不孝子는 부모를 원망怨望하고, 가난하고 괴로운 자는 돈 있는 사람(財主)을 원망한다.

316 在家不會邀賓客이면 出外方知少主人이라

【훈음】 會 모일 회 ; 능하다 邀 맞이할 요 賓 손님 빈 方 모 방 ; 바야흐로
【어휘】 不會 : 알지 못하다.

집에 있을 때에 손님을 대접할 줄 모르면,
밖에 나갔을 때에 비로소 〈자신을 맞아줄〉 주인이 적은 줄을 알게 된다.

317 貧居鬧市無相識이요 富住深山有遠親이라

【훈음】 鬧 시끄러울 뇨 識 알 식
【어휘】 鬧市 : 떠들썩한 저잣거리.

가난하면 번화繁華한 시장 거리에 살아도 서로 아는 〈사람이〉 없고,
부유富裕하면 깊은 산 중에 살아도 먼 곳에서 오는 친구가 있다.

318 寧塞(색)無底缸이언정 難塞鼻下橫이니라

【훈음】 塞 막을 색 底 밑 저 缸 항아리 항
【어휘】 鼻下橫 : 코 아래 가로 놓인 것, 입을 뜻함.

차라리 밑 빠진 항아리를 막을지언정, 코 아래 가로 놓인 〈입은〉 막기 어렵다.

319 子曰 士志於道而恥惡衣惡食者는 未足與議也니라

• A而B : A하면서 B하다
• A者 : A하는 사람
• 未足A也 : 아직 A할 수 없다
• 未足與議也 : '也'는 진행형 문장의 종결사로 쓰였다. 특히 '未'는 '아직 ~가 아니다'의 뜻이

므로 주로 '也'와 함께 쓰인다. 완료형 문장인 경우는 '矣'가 사용된다.

공자孔子가 말하였다.
"선비가 도에 뜻을 두면서 나쁜 옷과 나쁜 음식을 부끄러워하는 자는, 더불어 〈도를〉 의논할 수 없다."

320 **荀子曰 士有妬友**면 **則賢交不親**하고 **君有妬臣**이면 **則賢人不至**니라

【훈음】 **妬** 질투할 **투** 【어휘】 **賢交** : 재능과 덕행이 있는 친구.

- **士有妬友** : '有'의 앞에 나오는 말은 주어나 대상 또는 장소를 나타낸다. 여기서는 '선비에게'로 풀이한다.

순자荀子가 말하였다.
"선비에게 질투 嫉妬하는 벗이 있으면 어진 벗이 친하려 하지 않고,
임금에게 질투하는 신하가 있으면 어진 사람이 오지 않는다."

321 **漢書云 曲突徙薪無恩澤**이요 **燋頭爛額爲上客**이라

【훈음】 **突** 갑자기 **돌** ; 굴뚝 **徙** 옮길 **사** **薪** 땔나무 **신** **澤** 못 **택** ; 은택 **燋** 그을릴 **초** **爛** 불로 익힐 **란** **額** 이마 **액**

- **曲突徙薪** : 굴뚝을 꼬불꼬불하게 만들고 아궁이 근처의 나무를 다른 곳으로 옮긴다는 뜻으로, 화근을 미리 방지하라는 말.
- **燋頭爛額** : 불에 머리를 그슬리고 이마를 태우게 하다는 뜻으로 어려운 일을 당하여 몹시 애를 씀을 이르는 말.

《한서漢書》에 말하였다.
"굴뚝을 굽게 하고 땔나무를 옮기라고 한 사람은 은택恩澤이 없고
머리를 그슬리고 이마를 태운 사람은 상객上客이 되었다."

곡돌사신 曲突徙薪

길 가던 한 나그네가 한 집 앞을 지나면서 우연히 그 집의 굴뚝을 바라보았더니 굴뚝은 반

듯하게 뚫려 있고 곁에는 땔나무가 잔뜩 쌓여 있었다.

나그네는 그걸 보고 주인에게 다가가 이렇게 말했다.

"굴뚝의 구멍을 꼬불꼬불하게 만들고, 땔나무는 다른 곳으로 옮기도록 하십시오."

그러나 주인은 나그네의 말을 귀담아 듣지 않았다.

그런데 어느 날 그 집에 큰 불이 났다. 동네 사람들이 힘을 합해 집 주인을 구해내었고 다행히 불은 집을 다 태우지 않고 진화되었다.

이웃들이 자신의 생명을 구해준 데 대한 감사로 그는 사람들을 초대하여 음식과 술을 극진히 대접하였다.

그때 한 사람이 주인에게 이렇게 말하였다.

"그때 당신이 그 나그네의 말을 들었더라면 불이 날 일도 없었거니와 이렇게 술과 고기를 낭비할 필요도 없었을 것이오. 굴뚝을 굽게 하고 땔나무를 옮기라고 한 사람은 은택이 없고 머리를 그슬리고 이마를 태운 사람은 상객上客이 되었군요." - 《漢書》 〈霍光傳〉

322 天不生無祿之人이요 地不長無名之草라

【훈음】 祿 녹 록 長 길 장 ; 기르다

하늘은 녹祿 없는 사람을 내지 않고, 땅은 이름 없는 풀을 기르지 않는다.

323 大富由天이요 小富由勤이라

큰 부자(大富)는 하늘에 달려 있고, 작은 부자(小富)는 근면勤勉에 달려 있다.

324 大富則驕하고 大貧則憂라 憂則爲盜요 驕則爲暴라

【훈음】 驕 교만할 교 盜 도둑 도 暴 난폭할 포

크게 부유하면 교만驕慢해지고 몹시 가난하면 근심하게 된다.

근심하면 도둑이 되고, 교만하면 포학暴虐하게 된다.

325 成家之兒는 惜糞如金하고 敗家之兒는 用金如糞이라

【훈음】 **惜** 아낄 **석** **糞** 똥 **분**
【어휘】 **成家** : 집안을 일으킴.

• **A之B** : A한 B　　• **A如B** : A를 B와 같이 하다

집안을 일으킬 아이는 똥을 금처럼 아끼고,
집안을 망치는 아이는 금을 똥처럼 사용한다.

326 一日清閑이면 一日仙이니라

하루 동안 〈마음이〉 깨끗하고 한가로우면 하루 동안은 신선神仙이다.

12. 성심편 하 省心篇 下

327 **家語云 水至淸則無魚**하고 **人至察則無徒**니라

【어휘】 **家語** : 《공자가어孔子家語》를 말함.

• **A則B** : A하면 B하다

《공자가어孔子家語》에 말하였다.

“물이 지극히 맑으면 물고기가 없고, 사람이 지극히 살피면 친구가 없다.”

328 **千卷詩書難却易(이)**요 **一般衣飯易却難**이라

【훈음】 **卷** 책 **권**　**却** 물리칠 **각** ; 없애다　**易** 바꿀 **역** ; 쉬울 **이**

【어휘】 **詩書** : 서적書籍을 두루 이르는 말. • **一般** : 보통. 일상.

천 권卷의 시詩와 서書는 〈구하기는〉 어려우나 없애기는 쉽고

일상의 옷과 밥은 〈구하기는〉 쉬우나 멀리하기는 어렵다.

329 **輕諾者信必寡**요 **面譽者背必非**라

【훈음】 **諾** 허락할 **락**　**寡** 적을 **과**　**譽** 칭찬할 **예**　**背** 등 **배**

쉽게 허락하는 자는 믿음이 반드시 적고,

면전面前에서 칭찬하는 자는 등 뒤에서 반드시 비난한다.

CV174517

330 **許敬宗曰 春雨如膏**나 **行人惡(오)其泥濘**이요

秋月揚輝나 盜者憎其照鑑이니라

【훈음】 膏 기름 고 惡 싫어할 오 泥 진흙 니 濘 진창 녕 揚 날릴 양 ; 밝히다 輝 빛날 휘
憎 미워할 증 照 밝을 조 鑑 거울 감 ; 비추다

【어휘】 許敬宗 : 당唐나라 때 사람으로 자字는 연족延族.

• A如B : A는 B와 같다

허경종許敬宗이 말하였다.

"봄비는 기름과 같으나 길 가는 사람은 그 진흙탕을 싫어하고,

가을 달은 밝으나 도둑은 그 밝게 비추는 것을 싫어한다."

331 經目之事도 恐未皆眞이어늘 背後之言을 豈足深信이리오

【훈음】 恐 두려워할 공 豈 어찌 기

【해설】 직접 눈으로 본 것도 다 진실이 아닐까 두려운 법인데, 간접적으로 들은 말이야말로 그대로 믿어서는 더욱 안 된다는 말이다.

• 豈足深信 : '足'은 '~할 수 있다'의 뜻으로 사용되었다.

눈으로 경험(經目)한 일도 모두 진실眞實이 아닐까 두렵거늘,

등 뒤의 말을 어찌 깊이 믿을 수 있겠는가?

332 不恨自家汲繩短하고 只恨他家苦井深이로다

【훈음】 恨 한할 한 ; 탓하다 汲 물 길을 급 繩 노끈 승

【어휘】 苦井 : 물 뜨기 힘든 우물을 뜻함.

자기 집 두레박 끈이 짧은 것은 탓하지 않고, 단지 남의 집 우물이 깊은 것만 탓한다.

333 贓濫滿天下하되 罪拘薄福人이니라

【훈음】 贓 장물 장 濫 넘칠 람 ; 훔치다 滿 가득할 만 罪 허물 죄 拘 잡을 구 薄 적을 박

【어휘】 **贓濫** : 뇌물을 탐하여 법을 어기다. •**薄福** : 복이 없다.

부정不正한 재물財物을 취하는 사람이 천하天下에 가득하되,
죄罪는 박복薄福한 사람만 걸린다.

334 太公曰 人心難滿이요 谿壑易(이)盛이라

【훈음】 **谿** 시내 **계** **壑** 산골짜기 **학** **易** 쉬울 **이**
【어휘】 **谿壑** : 물이 흐르는 골짜기. 계곡.

태공太公이 말하였다.
"사람의 마음은 채우기가 어렵고, 계곡은 채우기가 쉽다."

335 天若改常이면 不風則雨요 人若改常이면 不病則死니라

【훈음】 **常** 상도常道 **상**

• **不A則B** : A하지 않더라도 B하다 ☞ '則'은 가정을 나타내는 경우, 조건의 문장이 긍정일 경우 '~라면'으로 풀이하고 부정일 경우는 '~라도'로 풀이한다.

하늘이 만약 상도常道를 바꾸면 바람 불지 않더라도 비가 오고,
사람이 만약 상도를 바꾸면 병들지 않더라도 죽는다.

336 壯元詩云 國正天心順이요 官淸民自安이라
妻賢夫禍少요 子孝父心寬이니라

【훈음】 **禍** 재앙 **화** **寬** 너그러울 **관**
【어휘】 **壯元** : 과거시험에서 문·무과文·武科에서 1등한 것을 말하므로 장원시壯元詩는 장원급제 한 사람의 시詩.

〈장원시壯元詩〉에 말하였다.
"나라가 바르면 천심天心도 순順하고,

관리가 청렴淸廉하면 백성이 저절로 편안하다.
아내가 어질면 남편의 재앙이 적을 것이고,
자식이 효도하면 아버지의 마음이 너그러워진다."

337 **子曰 木從繩則直**하고 **人受諫則聖**이니라

【훈음】 **繩** 먹줄 **승** **諫** 간할 **간** **聖** 성인 **성** ; 거룩하다

• **A則B** : A하면 B하다

공자孔子가 말하였다.
"나무가 먹줄을 따르면 곧아지고, 사람이 간언諫言을 받아들이면 거룩하게 된다."

338 **一派靑山景色幽**러니 **前人田土後人收**라
後人收得莫歡喜하라 **更**(갱)**有收人在後頭**니라

【훈음】 **派** 물갈래 **파** **景** 경치 **경** **幽** 그윽할 **유** **收** 거둘 **수** **莫** 없을 **막** ; 말다 **歡** 기뻐할 **환** **更** 고칠 **경** ; 다시 **갱**
【어휘】 **一派** : 강이나 내의 한 지류支流. • **景色** : 경치景致. 풍경風景.

한 줄기 푸른 산은 경치가 그윽한데, 앞 사람이 〈가꾸던〉 전답田畓을 뒷사람이 거둔다.
뒷사람은 거두어 얻게 된 것을 기뻐하지 말라. 다시 거둘 사람이 뒷머리에 있다.

339 **蘇東坡曰 無故而得千金**이면 **不有大福**이라 **必有大禍**니라

【훈음】 **蘇** 되살아날 **소** **坡** 언덕 **파** **禍** 재앙 **화**
【어휘】 **蘇東坡** : 소식蘇軾의 성과 호를 아울러 부르는 말.

소동파蘇東坡가 말하였다.
"까닭없이 천금千金을 얻는다면 큰 복이 없고, 반드시 큰 재앙災殃이 있게 된다."

340 大廈千間이라도 夜臥八尺이요 良田萬頃이라도 日食二升이니라

【훈음】 廈 큰집 하 頃 잠깐 경 升 되 승

큰 집이 천 칸이라도 밤에 여덟 자 〈공간에〉 눕고,
좋은 밭이 만 이랑이라도 하루에 두 되 〈양을〉 먹는다.

341 久住令人賤이요 頻來親也疎라 但看三五日에 相見不如初니라

【훈음】 令 하여금 령 頻 자주 빈 疎 성길 소 但 다만 단 ; 대체로 初 처음 초

- 令AB : A로 하여금 B하게 하다
- 頻來親也疎 : '也'는 어조사로 주격조사와 강조의 의미로 사용되었다.

오래 머물면 사람으로 하여금 천賤하게 하고, 자주 오면 친한 사람도 멀어진다.
단지 사흘이나 닷새 만에 보아도 서로 보는 것이 처음과 같지 않다.

342 渴時一滴은 如甘露요 醉後添盃는 不如無니라

【훈음】 渴 목마를 갈 滴 물방울 적 露 이슬 로 醉 취할 취 添 더할 첨 盃 잔 배
【어휘】 甘露 : 단 이슬. 천하가 태평할 때 하늘에서 내리는 상서祥瑞.

- A如B : A는 B와 같다
- A不如B : A는 B만 못하다

목이 마를 때 한 방울의 물은 감로수甘露水와 같고,
취한 뒤에 잔을 더하는 것은 없는 것만 못하다.

343 酒不醉人人自醉요 色不迷人人自迷니라

【훈음】 醉 취할 취 迷 미혹할 미

술이 사람을 취하게 하는 것이 아니라 사람이 스스로 취하는 것이고,
여색女色이 사람을 미혹迷惑하는 것이 아니라 사람이 스스로 미혹되는 것이다.

344 易曰 德微而位尊하고 智小而謀大면 無禍者鮮矣니라

【훈음】 微 적을 미 智 지혜 지 謀 꾀 모 禍 재앙 화

• 無禍者 : 직역은 '화가 없는 자'이나 문맥상 '화를 당하지 않는 자'로 풀이한다.

《주역周易》에 말하였다.

"덕德은 적으면서 지위地位가 높고,

지혜智慧는 작으면서 꾀하는 것이 크면 화禍를 당하지 않는 자가 드물다."

345 說苑曰 官怠於宦成하고 病加於小愈하며

禍生於懈怠하고 孝衰於妻子니

察此四者하여 愼終如始하라

【훈음】 苑 나라동산 원 怠 게으를 태 宦 벼슬 환 愈 나을 유 懈 게으를 해 衰 쇠할 쇠

【어휘】 說苑 : 한漢나라 유향劉向이 지은 책. 〈군도君道〉·〈신술臣術〉 등 20편篇으로 분류하여 명인名人들의 일화逸話를 수록하였음. • 宦成 : 높은 벼슬자리에 오름. • 懈怠 : 해이하고 산만함.

• A於B : B에서 A하다

《설원說苑》에 말하였다.

"벼슬은 벼슬이 높아지는 것에서 게을러지고, 병病은 조금 나아진 데서 심해지며,

재앙災殃은 게으른 데서 생기고, 효도孝道는 처자妻子에서 쇠해진다.

이 네 가지를 살펴서 끝을 처음과 같이 삼가라."

346 器滿則溢하고 人滿則喪이니라

【훈음】 器 그릇 기 溢 넘칠 일 滿 자만할 만

• A則B : A하면 B하다

그릇은 가득 차면 넘치고, 사람은 자만自滿하면 잃는다.

347 羊羹雖美나 衆口難調니라

【훈음】 羹 국 갱 調 조절할 조

양고기 국이 비록 맛있어도, 여러 사람의 입맛을 맞추기 어렵다.

348 益智書云 白玉은 投於泥塗라도 不能汚穢其色이요
君子는 行於濁地라도 不能染亂其心하나니
故로 松柏은 可以耐雪霜이요
明智는 可以涉危難이니라

【훈음】 泥 진흙 니 塗 진흙 도 汚 더럽힐 오 穢 더럽힐 예 濁 흐릴 탁 染 물들 염
【어휘】 泥塗 : 진창길. • 汚穢 : 지저분하고 더러움.

• A於B : B에 A하다 • 不能A : A할 수 없다 • 可以A : A할 수 있다

《익지서益智書》에 말하였다.
"백옥白玉을 진흙 속에 던져도 그 빛을 더럽힐 수 없고,
군자는 혼탁渾濁한 곳에 갈지라도 그 마음을 더럽히거나 어지럽힐 수 없다.
그러므로 송백松柏은 눈과 서리를 견딜 수 있고,
밝은 지혜는 위태로움과 어려움을 넘게 할 수 있다."

349 無求到處人情好요 不飮任他酒價高라

【훈음】 任 맡길 임 【어휘】 任他 : 될 대로 되게 내버려둠.

바라는 게 없으니 이르는 곳마다〔到處〕 인정人情이 좋고
〈술을〉 마시지 않으니 술값이 높은지 상관없다.

350 入山擒虎는 易(이)요 開口告人은 難이니라

【훈음】 擒 사로잡을 금 人 다른사람 인

산에 들어가 호랑이를 잡기는 쉬우나,
입을 열어 남에게 충고忠告하기는 어렵다.

351 遠水는 不救近火요 遠親은 不如近隣이니라

【훈음】 隣 이웃 린

• A不如B : A는 B만 못하다

먼 곳에 있는 물은 가까이에서 난 불을 끄지 못하고,
먼 곳의 친척은 가까운 이웃만 못하다.

352 太公曰 日月이 雖明이나 不照覆(부)盆之下요
刀刃이 雖快나 不斬無罪之人이요
非災橫禍는 不入愼家之門이라

【훈음】 照 비출 조 覆 엎을 복 ; 덮을 부 盆 동이 분 快 날카로울 쾌 斬 벨 참 災 재앙 재
橫 가로 횡 ; 뜻밖의 愼 삼갈 신
【어휘】 非災 : 뜻밖의 재앙. • 橫禍 : 느닷없거나 이치에 어긋난 재앙.

• 雖A : 비록(아무리) A하더라도 • A之B : A한 B

태공太公이 말하였다.
"해와 달이 아무리 밝아도 덮어놓은 동이의 밑은 비추지 못하고,
칼날이 아무리 예리해도 죄없는 사람은 베지 못하고,
뜻밖의 재앙과 느닷없는 화禍는 조심하는 집 문에는 들어가지 못한다."

353 得福不知나 禍來便(변)覺이라

【훈음】 便 편할 편 ; 곧 변 覺 깨달을 각

복福을 얻었을 때는 모르지만, 재앙災殃이 오면 곧 깨닫는다.

354 **太公曰 良田萬頃이 不如薄藝隨身이니라**

【훈음】 **頃** 이랑 **경** **薄** 엷을 **박** **藝** 재주 **예** **隨** 따를 **수**
【어휘】 **隨身** : 능력 따위를 몸에 지님.

• A不如B : A는 B만 못하다

태공太公이 말하였다.
"좋은 밭 만 이랑이 작은 재주를 몸에 지닌 것만 못하다."

355 **孝友朱先生曰 終身讓路라도 不枉百步요**
終身讓畔이라도 不失一段이라

【훈음】 **枉** 굽을 **왕** ; 에돌다 **畔** 밭두둑 **반** **段** 층계 **단**
【어휘】 **一段** : 한 단락, 한 토막, 한 조각 등을 나타내며 여기서는 '한 마지기'의 뜻.
• **孝友朱先生** : 당唐나라 주인궤朱仁軌의 별칭.

효우孝友 주선생朱先生이 말하였다.
"죽을 때까지 길을 양보讓步해도 백 보步를 돌지 않고,
죽을 때까지 밭두둑을 양보해도 한 마지기를 잃지 않는다."

356 **着意栽花栽不活이요 無心揷柳揷成林이라**

【훈음】 **栽** 심을 **재** **活** 살 **활** **揷** 꽂을 **삽** **柳** 버드나무 **류**
【어휘】 **着意** : 마음에 새겨두다.

마음을 두어 꽃을 심었는데 심은 것은 살지 않고,
무심히 버드나무를 꽂았는데 꽂은 것은 숲을 이룬다.

357 性理書云 接物之要는 己所不欲을 勿施於人하고
行有不得이어든 反求諸己니라

【훈음】 **接** 이을 **접** **物** 물건 **물** ; 남 **要** 요긴할 **요** **施** 베풀 **시** **諸** 어조사 **저**
【어휘】 **接物** : 사람들과 교제하다.

《성리서性理書》에 말하였다.
"사람들과 교제交際하는 요점은 자기가 하고 싶지 않은 것을 남에게 베풀지 말고, 행하여도 얻지 못함이 있으면 돌이켜 자신에게서 찾는 것이다."

13. 입교편 立教篇

358 讀書는 起家之本이요 循理는 保家之本이요
勤儉은 治家之本이요 和順은 齊家之本이니라

【훈음】 循 따를 순　儉 검소할 검　齊 가지런할 제

• A之B : A하는 B

독서讀書는 집을 일으키는 근본根本이요,
이치理致를 따름은 집을 보존하는 근본이요,
근면勤勉과 검약儉約은 집을 다스리는 근본이요,
화목和睦과 순종順從은 집안을 가지런히 하는 근본이다.

359 孔子三計圖云 一生之計는 在於幼하고
一年之計는 在於春하고
一日之計는 在於寅이니
幼而不學이면 老無所知요
春若不耕이면 秋無所望이요
寅若不起면 日無所辦이니라

【훈음】 孔 구멍 공 ; 성씨　寅 셋째지지 인　耕 밭갈 경　辦 힘쓸 판
【어휘】 寅 : 인시寅時(03~05시)를 뜻함.

• A而B : A하면 B하다　　• 不A 無B : A하지 않으면 B할 수 없다

CV174548

《공자삼계도孔子三計圖》에 말하였다.
"일생一生의 계획計劃은 어릴 때에 있고,
일년一年의 계획은 봄에 있고,
하루의 계획은 인시寅時에 있다.
어려서 배우지 않으면 늙어서 아는 것이 없고,
봄에 만약 밭 갈지 않으면 가을에 바랄 것이 없으며,
인시寅時에 만약 일어나지 않으면 하루에 힘쓸 것이 없다."

360 王蠋曰 忠臣은 不事二君이요 烈女는 不更(경)二夫니라

【훈음】 蠋 나비 애벌레 촉 ; 사람이름 更 고칠 경
【어휘】 王蠋 : 전국시대戰國時代 제齊나라 사람으로, 제나라가 연燕나라에 멸망하자 자결하였음.
• 不更 : 고치지 아니함.

왕촉王蠋이 말하였다.
"충신忠臣은 두 임금을 섬기지 않고, 열녀烈女는 두 지아비를 섬기지 않는다."

14. 치정편 治政篇

361 **明道先生曰 一命之士**가 **苟有存心於愛物**이면 **於人**에 **必有所濟**니라

【훈음】 **苟** 진실로 **구**　**濟** 구제할 **제**
【어휘】 **明道先生** : 북송北宋 때의 학자 정호程顥의 호號. • **一命之士** : 처음 벼슬에 나간 사람.

> • **苟A** : 진실로 A하면　　　• **A於B** : B에게 A하다

명도선생明道先生이 말하였다.
"처음 벼슬을 받은 사람이 진실로 물건을 사랑함에 마음을 둔다면,
사람에 대해서도 반드시 구제救濟하는 것이 있을 것이다."

362 **當官者**는 **必以暴(포)怒爲戒**하여 **事有不可**어든 **當詳處之**면 **必無不中**이어니와 **若先暴怒**면 **只能自害**니 **豈能害人**이리오

【훈음】 **當** 마땅 **당** ; 맡다　**暴** 갑자기 **포**　**戒** 경계할 **계**　**處** 곳 **처** ; 처리하다
【어휘】 **暴怒** : 몹시 성을 냄. • **不可** : 옳지 않음.

> • **以A爲B** : A를 B라 하다　　• **若A** : 만약 A하면　　• **豈A** : 어찌 A인가?
> • **只能自害** : 직역으로 풀이하면 '단지 스스로 해로울 수 있을 뿐이다'이다. 이를 자연스럽게 풀이하여 '단지 스스로 해로울 뿐이다'로 풀이하였다.

관직官職을 맡은 자는 반드시 몹시 성내는 것을 경계警戒로 삼아,
일에 옳지 않음이 있거든 마땅히 세밀하게 처리하면 반드시 맞지 않음이 없으려니와,
만약 〈세밀하게 처리하지 않고〉 먼저 몹시 성낸다면 단지 스스로 해칠 수 있을 뿐, 어찌

CV174551

남을 해칠 수 있으리오?

363 位尊者德不可薄이요 官大者政不可欺라

【훈음】 薄 엷을 박 ; 적다 欺 속일 기

• 不可A : A해서는 안 된다

지위地位가 높은 자는 덕을 적게 해서는 안 되고,
관직官職이 높은 자는 정사政事를 속여서는 안 된다.

364 書云 木以繩直이요 君以諫正이라

【훈음】 繩 노끈 승 ; 먹줄 諫 간할 간

• 以AB : A 때문에 B하다

《서경書經》에 말하였다.
"나무는 먹줄 때문에 곧아지고, 임금은 간언諫言 때문에 바르게 된다."

365 抱朴子曰 迎斧鉞而正諫하며 據鼎鑊而盡言이면 此謂忠臣也니라

【훈음】 迎 맞을 영 斧 도끼 부 鉞 도끼 월 諫 간할 간 據 의거할 거 ; 처하다 鼎 솥 정 鑊 가마솥 확

【어휘】 **抱朴子** : 동진東晉의 갈홍葛洪이 지은 책으로 포박자抱朴子는 갈홍의 호이다. 중국의 신선 방약神仙方藥과 불로장수不老長壽의 비법을 담은 책이다. • **斧鉞** : 형벌용으로 사용되던 작은 도끼와 큰 도끼. • **鼎鑊** : 음식을 삶는 솥으로 고대에 죄인을 삶아 죽이던 형벌을 뜻한다.

《포박자抱朴子》에 말하였다.
"부월斧鉞을 받더라도 바르게 간諫하며, 솥에 넣어지더라도 할 말을 다하면,
이것을 충신忠臣이라 이른다."

15. 치가편 治家篇

366 司馬溫公曰 凡諸(제)卑幼 事無大小히 毋得專行하고 必咨稟於家長이니라

【훈음】 司 맡을 사 ; 성씨 卑 낮을 비 毋 말 무 專 마음대로 전 咨 물을 자 稟 여쭐 품

【어휘】 **司馬溫公** : 사마광司馬光의 성과 시호를 아울러 부르는 말.
- **卑幼** : 항렬이 낮은 사람과 나이가 어린 사람을 아울러 이름. 손아랫사람.
- **專行** : 제 마음대로 독단하여 행함. • **咨稟** : 가르침 받기를 청함.

•**毋A** : A하지 말라 •**必A** : 반드시 A하여야 한다

사마온공司馬溫公이 말하였다.
"무릇 여러 손아랫사람들은 일에 크고 작음이 없이 제멋대로 행하지 말고 반드시 가장家長에게 여쭈어야 한다."

사마광司馬光, 만고제회도상

CV174556

367 待客에 不得不豐이요

治家에 不得不儉이니라

【훈음】 豐 풍성할 풍 儉 검소할 검

• 不得不A : A하지 않을 수 없다

손님을 접대함에 풍성豐盛하게 하지 않을 수 없고,
가정을 다스림에 검소儉素하게 하지 않을 수 없다.

368 凡使奴僕에 先念飢寒이니라

【훈음】 使 부릴 사 奴 종 노 僕 종 복 飢 주릴 기

무릇 노복奴僕을 부림에는 먼저 배고픔과 추위를 생각하라.

369 時時防火發하고 夜夜備賊來니라

【훈음】 備 갖출 비 賊 도둑 적

• 時時~ 夜夜~ : '時時'는 '때마다'이고, '夜夜'는 '밤마다'를 뜻한다. 명사의 반복은 '~마다', '낱낱이', '모두'의 뜻으로 주로 쓰인다.

때마다 불이 나는 것을 막고, 밤마다 도적盜賊이 오는 것을 방비防備하라.

370 子孝雙親樂(락)이요 家和萬事成이니라

자식이 효도孝道하면 부모가 즐겁고, 집안이 화목和睦하면 모든 일이 이루어진다.

371 景行錄云 觀朝夕之早晏하면 可以卜人家之興替니라

【훈음】 早 이를 조　晏 늦을 안　卜 점칠 복 ; 예측하다　替 바꿀 체 ; 쇠하다
【어휘】 興替 : 흥성함과 쇠퇴함. 또는 성공과 실패.

• 可以A : A할 수 있다

《경행록景行錄》에 말하였다.
"아침 저녁의 이르고 늦음을 보면, 그 집의 흥하고 쇠함을 예측豫測할 수 있다."

372 安定胡先生曰
嫁女必勝吾家者니 勝吾家則女之事人에 必欽必戒라
娶婦必須不若吾家者니 不若吾家則婦之事舅姑에 必執婦道라

【훈음】 胡 오랑캐 호 ; 사람이름　嫁 시집갈 가　欽 공경할 흠　戒 경계할 계
娶 아내를 얻을 취　舅 시아버지 구　姑 시어머니 고
【어휘】 安定胡先生 : 중국 북송北宋 때 학자. 성姓은 호胡 이름은 원瑗. 안정安定이라는 곳에 살았으므로 안정호선생이라고 불렀다. • 必須 : 반드시. 꼭. 기필코. • 舅姑 : 시부모.
• 婦道 : 부녀자가 지켜야 할 도리.

• A之B : A가 B하다
• 女之事人 : '딸이 사람을 섬기다'로 여기서 '之'는 '~이/가'로 풀이한다.
• 不若吾家 : '不若'은 '~만 같지 않다' 즉 '우리 집보다 못하다'의 의미로 쓰였다.

안정호선생安定胡先生이 말하였다.
"딸은 반드시 우리 집보다 나은 사람에게 시집보내야 하니,
우리 집보다 나으면 딸이 사람을 섬김에 반드시 공경恭敬하고 경계警戒할 것이다.
며느리는 반드시 우리 집보다 못한 사람을 얻어야 하니,
우리 집보다 못하면 며느리가 시부모를 섬김에 반드시 며느리의 도리道理를 지킬 것이다."

16. 안의편 安義篇

373 顔氏家訓曰 夫有人民而後에 有夫婦하고
有夫婦而後에 有父子하고
有父子而後에 有兄弟하니
一家之親은 此三者而已矣라
自玆以往으로 至于九族히 皆本於三親焉이라
故로 於人倫에 爲重也니 不可不篤이니라

【훈음】 夫 지아비 부 ; 대저 自 스스로 자 ; ~부터 玆 이 자 焉 어조사 언
重 무거울 중 ; 중요하다 篤 도타울 독

【어휘】 顔氏家訓 : 북제北齊의 안지추顔之推가 엮은 20편 2권으로 된 책.

- 此三者而已矣 : '者'는 '~하는 사람'을 뜻하나 굳이 풀이하지 않는다.
- 自A以往 至于B : A로부터 나아가 B에 이르기까지
- 自玆以往 至于九族 : '自A 至B' 사이에 '以'를 넣어 이동 및 확산 방향을 포함하고 있는 패턴이다. '于' 대신 주로 '於'가 쓰이거나 생략되기도 한다. '自' 대신 '由/從'이, '至' 대신 '達'이 쓰이기도 한다.
- 不可不篤 : '不可不'은 '~하지 않을 수 없다'의 뜻이다.

《안씨가훈顔氏家訓》에 말하였다.
"인민人民이 있은 뒤에 부부夫婦가 있고
부부가 있은 뒤에 부자父子가 있고 부자가 있은 뒤에 형제兄弟가 있나니,
한 집의 친척親戚은 이 세 가지뿐이다.
이로부터 나아가 구족九族에 이르기까지 모두 〈이〉 삼친三親에 근본한다.
때문에 인륜人倫에 있어서 중요한 것이니, 돈독히 하지 않을 수 없다."

CV174563

374 莊子曰 兄弟는 爲手足하고 夫婦는 爲衣服이니
衣服破時엔 更(갱)得新이어니와 手足斷處엔 難可續이라

【훈음】 莊 씩씩할 장 ; 성씨 更 고칠 경 ; 다시 갱 斷 끊을 단 續 이을 속

【어휘】 莊子 : 중국中國 전국시대戰國時代의 사상가思想家로 저서에 《장자莊子》가 있다. 다만 이 글은 《장자》에 실려 있지 않다.

장자莊子가 말하였다.

"형제는 수족手足이고 부부는 의복衣服이니,

의복이 찢어졌을 때는 다시 새 〈옷을〉 얻을 수 있지만, 수족이 잘라진 곳은 잇기가 어렵다."

17. 준례편 遵禮篇

375 子曰 居家有禮라 故長幼辨하고
閨門有禮라 故三族和하고
朝廷有禮라 故官爵序하고
田獵有禮라 故戎事閑하고
軍旅有禮라 故武功成이니라

【훈음】 辨 분별할 변 閨 안방 규 廷 조정 정 爵 벼슬 작 田 밭 전 ; 사냥하다
獵 사냥할 렵 戎 병기 융 ; 군대 閑 한가할 한 ; (≒正) 바로잡다

【어휘】 居家 : 집안에서의 일상생활. 집안. • 三族 : 부모父母, 형제兄弟, 자손子孫을 뜻함.
• 閨門 : 부녀자가 거처하는 곳. • 官爵 : 관직과 작위. 또는 관작을 줌. • 田獵 : 사냥.
• 戎事 : 병사兵事, 군사軍事, 전쟁戰爭의 의미. • 軍旅 : 군대.

• 有A故 : A가 있으므로
• 居家有禮 : '有'의 앞에는 보통 장소를 나타내는 어구가 와서 '~에'로 풀이한다.

공자孔子가 말하였다.
"집안에 예禮가 있으므로 어른과 어린이가 변별辨別되고,
규방閨房에 예禮가 있으므로 삼족三族이 화목하고,
조정朝廷에 예禮가 있으므로 벼슬이 차례가 있고,
사냥하는 데 예禮가 있으므로 군대의 일이 바로잡히고,
군대軍隊에 예禮가 있으므로 무공武功이 이루어진다."

CV174565

376 晏子曰 上無禮면 無以使下요 下無禮면 無以侍上이라

【훈음】 晏 늦을 안 ; 성씨 使 하여금 사 ; 부리다 侍 모실 시

【어휘】 晏子 : 중국 춘추시대春秋時代 제齊나라의 정치가인 안영晏嬰으로 관중管仲과 함께 훌륭한 재상宰相으로 이름을 떨쳤다.

- 無以A : A할 수 없다
- 上無禮無以使下 : '無以'는 '無所以'로 '~할 수 없다', '~할 방법이 없다'는 뜻이다. 이때의 '以'는 '所以'이므로 '까닭, 방법, 도구'를 나타낸다.

안자晏子가 말하였다.

"윗사람이 예禮가 없으면 아랫사람을 부릴 수 없고,

아랫사람이 예가 없으면 윗사람을 받들 수 없다."

377 子曰 君子有勇而無禮면 爲亂하고 小人有勇而無禮면 爲盜니라

【훈음】 亂 어지러울 란 盜 훔칠 도

공자孔子가 말하였다.

"군자는 용맹이 있으나 예禮가 없으면 난亂을 일으키고,

소인小人은 용맹이 있으나 예禮가 없으면 도둑질을 한다."

378 若要人重我인대 無過我重人이니라

【훈음】 人 다른 사람 인 過 지나칠 과

- 若要A : 만약 A하기 바란다면
- 無過我重人 : '無過於我重人'에서 '於'가 생략된 형태이다. '過'는 '더하다', '능가하다'의 뜻이다.

만약 남이 나를 중히 여기기를 바란다면 내가 남을 중히 여기는 것보다 더함이 없다.

379 禮記曰 男女不雜坐요 不親授며 嫂叔不通問이요 父子不同席이라

【훈음】 雜 섞일 잡 嫂 형수 수 叔 시동생 숙 【어휘】 通問 : 서로 직접 안부를 물음.

《예기禮記》에 말하였다.

"남녀男女는 섞여 앉지 않고, 〈물건을〉 직접 주지 않으며, 형수와 시동생은 서로 묻지 않고, 부모와 자식은 자리를 함께 하지 않는다."

380 老子曰 人之有信은 如車有輪이라

【훈음】 輪 바퀴 륜 【어휘】 老子 : 중국 춘추시대春秋時代 말기의 철학자, 도가道家의 창시자.

- A如B : A는 B와 같다
- 人之有信 : '之'는 주격조사로 '사람이 신의가 있다'로 풀이한다. 다만 '有' 앞의 주어는 '~에게'로 주로 풀이하므로 여기서는 '사람에게 신의가 있다'로 풀이하였다.

노자老子가 말하였다.

"사람에게 신의信義가 있는 것은 수레에 바퀴가 있는 것과 같다."

381 君子一言은 跨馬一鞭이라

【훈음】 跨 걸터앉을 고 鞭 채찍질할 편

군자의 한마디 말은 말을 타고 한 번 채찍질하는 것이다.

382 一言旣出이면 駟馬難追라

【훈음】 駟 사마 마 追 좇을 추

【어휘】 駟馬 : 한 수레를 끄는 네 필의 말.

한마디 말이 이미 나오면 네 마리 말이 끄는 수레로도 좇기 어렵다.

383 司馬溫公曰 誠之道固難入이나 然當自不妄語始라

【훈음】 司 맡을 사 ; 성씨 固 굳을 고 ; 진실로 妄 망령될 망

• **自AB** : A로부터 B하다

사마온공司馬溫公이 말하였다.

"성실誠實의 도는 진실로 들어가기 어려우나 마땅히 망령妄靈한 말을 하지 않는 것으로부터 시작해야 한다."

18. 언어편 言語篇

384 **劉會曰 言不中理면 不如不言이니라**

【훈음】 **劉** 죽일 **유** ; 성씨 **中** 가운데 **중** ; 맞다
【어휘】 **劉會** : 미상未詳이다.

- A不如B : A는 B만 못하다
- 言不中理 : '中'은 '~에 맞다'의 뜻이다

유회劉會가 말하였다.
"말이 이치理治에 맞지 않으면, 말하지 아니함만 못하다."

385 **君平曰 口舌者는 禍患之門이요 滅身之斧也니라**

【훈음】 **滅** 멸망할 **멸** **斧** 도끼 **부**
【어휘】 **君平** : 전한前漢 무제武帝 때의 엄군평嚴君平이라는 설說과, 촉한蜀漢 사람인 엄준嚴遵(군평君平은 자字)이라는 설說이 있다. • **口舌者** : '者'는 '~라는 것'으로 풀이 하는데, 의미가 중복되므로 풀이하지 않는다.

- A者 : A라는 것
- A之B : A의 B, A하는 B

군평君平이 말하였다.
"입과 혀는 재앙災殃과 근심의 문門이요, 몸을 망치는 도끼이다."

386 **離騷經云 甜言如蜜이요 苦語如刀라**
人不以多言爲益이요 犬不以善吠爲良이라

CV174574

【훈음】 離 떠날 리 騷 떠들 소 甜 달 첨 蜜 꿀 밀 吠 짖을 폐
【어휘】 離騷經 : 전국戰國시대 초楚나라의 충신忠臣이자 시인詩人인 굴원屈原이 지은 글. 이 글은 〈이소경離騷經〉에는 없다. • 苦語 : 귀에 거슬리는 말.

• A如B : A는 B와 같다 • 以A爲B : A를 B로 삼다

〈이소경離騷經〉에 말하였다.
"달콤한 말은 꿀과 같고, 거슬리는 말은 칼과 같다.
사람은 말이 많은 것을 이익利益으로 삼지 않고,
개는 잘 짖는 것을 좋은 것으로 삼지 않는다."

387 刀瘡易(이)可나 惡(악)語難消라

【훈음】 瘡 부스럼 창 ; 상처 可 병이 나을 가 消 사라질 소
【어휘】 刀瘡 : 칼에 베인 상처.

칼의 상처는 낫기가 쉬우나, 악한 말은 사라지기 어렵다.

388 利人之言은 煖如綿絮요
傷人之語는 利如荊棘하여
一言利人은 重値千金이요
一語傷人은 痛如刀割이라

【훈음】 煖 따뜻할 난 綿 솜 면 絮 솜 서 荊 가시나무 형 棘 가시 극 値 값 치 痛 아플 통 割 벨 할
【어휘】 綿絮 : 명주솜이나 면화. • 荊棘 : 나무의 온갖 가시.

• 煖如綿絮 : '如'는 '~처럼'이나 '~와 같이'로 풀이하는 것이 자연스럽다.
• 重値千金 : '重値於千金'에서 '於'가 생략된 형태로 '~보다'의 비교형으로 쓰였다.

사람을 이롭게 하는 말은 솜과 같이 따뜻하고,
사람을 상하게 하는 말은 가시같이 날카로와서,

한마디 말이 사람을 이롭게 하는 것은 가치가 천금보다 무거우며,
한마디 말이 사람을 상하게 하는 것은 칼로 베는 것같이 아프다.

389 逢人且說三分話하여 未可全抛一片心이라
不怕虎生三個口요 只恐人情兩樣心이라

【훈음】 且 또 차 ; 우선 抛 던질 포 怕 두려워할 파 恐 두려워할 공 樣 모양 양
【어휘】 三分 : 10분의 3. • 人情 : 세상 사람들의 마음.
• 兩樣心 : 두 가지 형태(의 마음), 여기서는 '心'을 생략하여 풀이함.

사람을 만나서 우선 3분의 말만 말하여, 〈자기의〉 한 조각 마음까지 다 털어버리지 말라. 호랑이가 세 개의 입에서 생겨남을 두려워하지 말고, 단지 사람의 감정이 두 양상樣相의 마음인 것을 두려워하라.

삼인성호 三人成虎

'세 사람이면 없던 호랑이도 만든다'는 뜻으로, 거짓말이라도 여러 사람이 말하면 남이 참말로 믿기 쉽다는 말이다.

중국 전국시대(기원전 403~221)에 위魏나라 대신 방총龐葱이 조趙나라에 인질로 가는 태자를 수행하게 되었다. 떠나는 방총은 왕에게 이렇게 말했다.

"한 사람이 달려와 '시장에 호랑이가 나타났다'고 외치면 임금께서는 믿으시겠습니까?"

왕이 말했다. "당연히 믿지 않을 것이다."

이에 방총이 다시 말했다. "그렇다면 두 사람이 나타나서 함께 '시장에 호랑이가 나타났다'고 외치면 믿으시겠습니까?"

"그래도 믿지 않을 것이다."

방총이 다시 말했다. "다시 세 사람이 와서 이구동성異口同聲으로 '시장에 호랑이가 나타났다'고 외치면 그래도 믿지 않으시겠습니까?"

그러자 왕이 대답했다. "그렇다면 믿을 수밖에 없을 것이다."

이 말을 들은 방총이 말했다.

"시장에 호랑이가 나타날 리가 없음은 세상 사람이 다 아는 사실입니다. 그렇지만 세 사람이 한 목소리로 호랑이가 나타났다고 하면 호랑이는 나타난 것입니다. 지금 제가 태자를 모

시고 가려는 조나라 수도 한단은 위나라 시장과는 비교도 할 수 없을 만큼 먼 곳입니다. 게다가 제가 조정을 비운 사이 저에 대해 이런저런 말을 할 사람은 셋 정도에 머물지 않을 것입니다. 모쪼록 임금께서는 잘 판단하시기 바랍니다."

왕은 고개를 끄덕이며 걱정 말라고 답을 하였다.

그러나 한참이 지난 후 방총이 귀국하자 위왕은 측근들의 말에 현혹되어 방총을 만나 보려고도 하지 않았고, 결국 방총은 조정에 복귀하지 못하였다. -《韓非子》

390 酒逢知己千鍾少요 話不投機一句多니라

【훈음】 **鍾** 쇠북 **종** ; 술잔 **話** 말씀 **화** **投** 던질 **투** ; 서로 잘 맞다 **機** 틀 **기** ; 기회

【어휘】 **知己** : 서로의 속마음을 알아 정이 매우 깊은 사람이나 친구. • **投機** : 일치함, 부합함.

술은 나를 알아주는 사람(知己)을 만나면 천 잔도 적고,
말은 시기에 맞지 않으면 한마디도 많다.

391 荀子云 贈人以言이 重於金石珠玉이요
觀人以言이 美於詩賦文章이요
聽人之言이 樂於鍾鼓琴瑟이라

【훈음】 **荀** 사람이름 **순** **贈** 줄 **증** **珠** 구슬 **주** **賦** 부세 **부** ; 문체의 이름 **鍾** 쇠북 **종**
鼓 북 **고** **琴** 거문고 **금** **瑟** 비파 **슬**

【어휘】 **金石** : 금과 보석. • **珠玉** : 진주와 옥.

• A於B : B보다 A하다

순자荀子가 말하였다.
"〈좋은〉 말을 남에게 해주는 것은 금석金石이나 주옥珠玉을 〈주는 것보다〉 중요하고,
〈좋은〉 말을 남에게 보여주는 것은 시부詩賦나 문장文章을 〈보여주는 것보다〉 아름답고,
남의 〈좋은〉 말을 듣는 것은 종과 북(鍾鼓)이나 거문고와 비파(琴瑟)를 〈듣는 것보다〉 즐겁다."

19. 교우편 交友篇

392 家語云 與好人同行이면 如霧露中行하여
雖不濕衣라도 時時有潤하고
與無識人同行이면 如厠中坐하여
雖不汚衣라도 時時聞臭니라

【훈음】 **霧** 안개 **무** **露** 이슬 **로** **雖** 비록 **수** **濕** 젖을 **습** **潤** 젖을 **윤** **厠** 뒷간 **측**
【어휘】 **霧露** : 안개. • **聞臭** : 냄새를 맡음.

• **與A同B** : A와 함께 B하다

《공자가어孔子家語》에 말하였다.
"좋은 사람과 함께 가면 안개 속을 가는 것과 같아서
비록 옷은 젖지 않더라도 매번 〈촉촉하게〉 젖음이 있고,
무식無識한 사람과 함께 가면 뒷간에 앉은 것과 같아서
비록 옷은 더럽히지 않더라도 매번 냄새를 맡게 된다."

393 太公曰 女無明鏡이면 不知面上精麤요
士無良友면 不知行步虧踰라

【훈음】 **鏡** 거울 **경** **精** 정할 **정** ; 깨끗하다 **麤** 거칠 **추** ; 추하다 **虧** 이지러질 **휴** ; 부족하다
踰 넘을 **유**
【어휘】 **面上** : 얼굴.

• **精麤** : 원래는 '정밀함과 조잡함'을 뜻하나 여기서는 '깨끗함과 더러움'을 뜻함.

CV174582

태공太公이 말하였다.

"여자가 거울이 없으면 얼굴이 깨끗한지 더러운지 알 수 없고,

선비가 좋은 벗이 없으면 행보行步가 부족한지 넘치는지 알 수 없다."

394 相識滿天下로되 知心能幾人고

【훈음】 幾 몇 기

서로 〈얼굴을〉 아는 사람은 온 세상에 가득하지만

마음을 알아주는 사람은 몇이나 되겠는가?

395 種樹莫種垂楊枝요 結交莫結輕薄兒하라

【훈음】 莫 없을 막 ; 말다 垂 드리울 수 楊 버들 양 薄 얇을 박

【어휘】 垂楊 : 수양버들.

【해설】 버드나무 가지는 가을 바람이 불면 쉽게 부러지고 경박한 사람은 쉽게 교분을 맺고 끊기 때문이다.

• 莫A : A하지 말라

나무를 심을 적에 수양버들 가지를 심지 말고, 교분을 맺을 적에 경박輕薄한 사람과 사귀지 말라.

396 宋弘曰 糟糠之妻不下堂이요 貧賤之交不可忘이라

【훈음】 宋 송나라 송 ; 성씨 弘 클 홍 糟 지게미 조 糠 겨 강 賤 천할 천

【어휘】 宋弘 : 후한後漢 경조京兆 장안長安 사람으로 자는 중자仲子. • 糟糠 : 술지게미와 쌀겨. 거친 음식을 비유함.

송홍宋弘이 말하였다.

"술지게미와 겨로 〈끼니를 때우며 고생한〉 아내(糟糠之妻)는 집에서 내쫓아서는 안 되고,

빈천貧賤할 때의 벗은 잊어서는 안 된다."

조강지처 糟糠之妻

후한後漢 광무제光武帝의 누이 호양공주湖陽公主가 과부가 되었다. 누이를 마땅한 사람과 혼인시킬 생각이었던 광무제가 그녀에게 의견을 물었다.

"송홍이라면 남편으로 모시겠지만 그 외에는 생각이 없습니다."

송홍은 광무제가 아끼는 신하로 충직하고 인품이 훌륭했다. 누이가 그를 사모한다는 사실에 광무제는 두 사람을 맺어주고 싶었지만 송홍에게는 이미 부인이 있었다. 그래서 누이를 병풍 뒤에 숨기고 송홍을 불러 마음을 떠보았다.

"지위가 높아지면 친구를 바꾸고 집이 부유해지면 아내를 바꾼다고 하는데, 그럴 수 있는 일이겠소?"

송홍이 고개를 가로저으며 대답했다.

"술지게미와 겨로 〈끼니를 때우며 고생한〉 아내(糟糠之妻)는 집에서 내쫓아서는 안 되고, 빈천할 때의 벗은 잊어서는 안 된다고 들었사옵니다."

그 말을 들은 광무제는 그의 마음을 바꿀 수 없다는 걸 알았다. - 《後漢書》

397 酒食兄弟는 千個有로되 急難之朋은 一個無니라

【훈음】 **個** 낱 개 **急** 급할 급

【어휘】 **酒食** : 술과 밥. 또는 술과 음식.

- **A如B** : A는 B와 같다
- **A若B** : A는 B와 같다
- **千個有** : 원래 '有千個'이나 '千個'을 강조하기 위해 앞으로 이동한 형태이다. '一個無'도 같다.

술과 음식을 〈같이하는〉 형제兄弟와 〈같은 친구는〉 천 명이나 있으나,
급하고 어려울 때 〈도와줄〉 친구는 한 명도 없다.

398 君子之交는 淡如水하고 小人之交는 甘若醴니라

【훈음】 **淡** 담백할 담 **醴** 단술 례

- **A如B** : B와 같이 A하다

군자의 사귐은 물과 같이 담박하고, 소인의 사귐은 단술과 같이 달다.

변

399 水持杖探知深淺이요 人與財交便見心이라

【훈음】 持 가질 지 杖 지팡이 장 ; 막대기 便 곧 변 見 보아 알 견

물은 막대기를 가지고 더듬어봐야 깊고 얕음을 알고,
사람은 재물을 써서(與) 사귀어봐야 곧 마음을 알 수 있다.

400 路遙知馬力이요 日久見人心이니라

【훈음】 遙 멀 요

길이 멀어야 말(馬)의 힘을 알고, 날이 오래되어야 사람의 마음을 안다.

부 록

한국편 출전 정보

한문 독해 패턴 색인

한자 훈음 색인

한국편 출전 정보

가나다순

서명	인용	약해
嘉梧藁略	1	조선말기 문신 이유원李裕元의 문집.
稼亭集	12	고려말기 이곡李穀의 시문집.
覺齋先生文集	1	조선중기에 하항河沆이 쓴 시문집.
谿谷集	1	조선인조 때 장유張維의 시문집.
桂苑筆耕集	4	신라新羅 말기의 학자 고운孤雲 최치원崔致遠의 시문집. 산문散文은 사륙변려체四六騈儷體의 명문이며, 우리나라 최초의 개인 문집.
高麗史	9	조선 세종世宗의 명을 받아 정인지鄭麟趾 등이 편찬한 고려高麗의 역사. 고려高麗 시대의 정사正史로 기전체紀傳體로 되어 있음.
高麗史節要	1	조선 문종文宗 2년(1452)에 춘추관春秋館에서 편찬한 편년체編年體 역사책.
高峯集	4	조선선조宣祖 때 기대승奇大升의 시문집.
孤雲集	2	신라新羅 말기의 학자 고운孤雲 최치원崔致遠의 시문집으로 1926년 최치원의 후손인 최국술崔國述이 금석문과 여러 책에 남아 있는 최치원의 문장을 한데 모음.
龜峯集	1	조선 후기 충청남도 당진 지역에서 활동한 학자인 구봉龜峯 송익필宋翼弼의 시문집.
謹齋集	1	고려 후기의 근재謹齋 안축安軸의 시문집.
錦帶詩文抄	1	조선 후기의 문인 이가환李家煥의 낙장본落張本 문집.
氣測體義	3	조선 말기의 학자 최한기崔漢綺가 지은 《신기통神氣通》과 《추측록推測錄》을 합편合編한 것.
蘆厓集	1	조선 후기의 학자 유도원柳道源이 지은 책.
淡庵逸集	1	고려 후기의 문신 백문보白文寶의 시문집.
湛軒書	5	조선 후기의 학자學者 홍대용洪大容이 지은 책.
東國李相國集	12	고려 문신文臣 이규보李奎報의 시문집.
東文選	1	조선 성종成宗 때 왕명王命을 받아 양성지梁誠之·서거정徐居正이 신라新羅로부터 조선 당대에 이르기까지의 우리나라 역대 시문詩文 선집選集.
東槎漫錄	1	조선 말기 고종高宗 때 박대양朴戴陽이 쓴 일본 체험 사행록使行錄.
明谷集	1	조선 숙종 때 학자이자 정치가인 최석정崔錫鼎의 시문집.
牧隱集	2	고려 말기의 학자 이색李穡이 지은 책. 목은牧隱은 그의 호號.
無名子集	1	조선 후기의 문신 윤기尹愭의 시문집.

眉叟記言	1	조선 숙종肅宗 때 허목許穆의 시문집.
朴先生遺稿	1	조선 세종世宗 때 학자 박팽년朴彭年의 시문집.
磻溪隨錄	1	실학파의 선구자인 유형원柳馨遠이 지은 책. 제도에 관한 고증을 하고 그 개혁의 경위 등을 기록.
泛虛亭集	1	조선 현종顯宗 때 송광연宋光淵의 시문집.
保閑齋集	1	조선 성종成宗 때 문신·학자인 신숙주申叔舟의 시문집.
補閑集	3	고려 중기中期 문인文人인 최자崔滋가 지은 책.
山林經濟	1	조선 숙종肅宗 때 홍만선洪萬選이 지은 책으로 농사, 의약 및 기타 여러 분야에 걸친 농촌의 일상생활에 필요한 지식을 서술한 책.
三國史記	21	고려 인종仁宗 때 김부식金富軾이 왕명에 따라 펴낸 역사책. 신라, 고구려, 백제 세 나라의 역사를 기전체紀傳體로 기록.
三國遺事	3	고려 충렬왕忠烈王 때 보각국사普覺國師 일연一然이 지은 역사책. 신라新羅, 백제百濟, 고구려高句麗 삼국의 사적과 신화, 전설, 설화 등이 수록.
三峯集	2	정도전鄭道傳의 문집. 《경제문감經濟文鑑》, 《조선경국전朝鮮經國典》, 《경제문감별집經濟文鑑別集》 등이 수록收錄되어 있음.
象村集	3	조선 선조宣祖 때 학자 신흠申欽의 시문집.
西厓集	2	조선 선조 때 문신 유성룡柳成龍의 시문집.
惺所覆瓿藁	1	조선 선조 때 허균許筠의 시문집.
蘇齋集	1	조선 선조 때 노수신盧守愼의 시문집.
松南雜識	1	조선 후기 학자 조재삼趙在三이 자녀를 교육하기 위해 자연과 생활에 관한 지식을 기록한 백과사전적 성격의 책.
宋子大全	1	조선 숙종 때 문신 우암尤庵 송시열宋時烈의 문집.
修堂集	1	조선 말기부터 대한제국기까지 문인 이남규李南珪의 시문집.
雙梅堂先生文集	1	고려 말기부터 조선 초기 문신 이첨李詹의 시문집.
鵝溪遺稿	1	조선 선조 때 이산해李山海의 시문집.
陽村集	3	고려 말기부터 조선 초기 문신 양촌陽村 권근權近의 시문집.
與猶堂全書	12	조선 후기 학자 정약용丁若鏞의 문집文集. 《목민심서牧民心書》와 여러 논책과 실증적 이론 등이 수록됨.
旅軒集	3	조선 인조仁祖 때 장현광張顯光의 시문집.
燕巖集	4	조선 후기 실학자 박지원朴趾源의 시문집.
栗谷全書	5	조선 순조純祖 때 출판出版된 율곡栗谷 이이李珥의 전집全集.
義菴集	2	조선 말기 의병장 유인석柳麟錫의 문집.
耳溪集	1	조선 후기 문신 이계耳溪 홍양호洪良浩의 문집.
李忠武公全書	2	조선 중기 명장名將 충무공忠武公 이순신李舜臣의 유고遺稿 전집全集.
益齋集	1	고려 말기 학자 이제현李齊賢의 문집.
人政	4	조선 말기 실학자 최한기崔漢綺가 저술한 인사·행정에 관한 이론서.

臨淵堂別集	1	조선 정조正祖와 철종哲宗 때 문인 임연당臨淵堂 이양연李亮淵의 시집.
林下筆記	1	조선 고종高宗 때 이유원李裕元이 지음. 우리나라와 중국의 고금·사물에 대하여 백과사전식으로 기술한 책.
潛谷遺稿	2	조선 효종孝宗 때 김육金堉의 시문집.
佔畢齋集	1	조선 전기 문신 김종직金宗直의 시문집.
霽亭集	1	고려 말기 이달충李達衷의 시문집.
芝峯集	2	조선 중기 학자 이수광李睟光의 문집.
芝湖集	1	조선 현종顯宗 때 이선李選의 시문집.
蒼狗客日	1	조선 후기 학자 이재李栽가 부친 갈암葛庵의 배소配所에 따라갔을 때 일기체 형식으로 기록한 책.
青城雜記	11	조선 후기 학자 성대중成大中이 편찬한 잡록집雜錄集.
青莊館全書	5	조선 후기 학자 이덕무李德懋가 저술한 총서.
春沼子集	1	조선 인조 때 신최申最의 시문집.
春亭集	1	고려 말기부터 조선 초기 때 문신 변계량卞季良의 시문집.
太虛亭集	1	조선 초기 문신·학자인 최항崔恒의 시문집.
澤堂集	1	조선 중기 문신 이식李植의 시문집.
退溪集	5	이황李滉의 유고遺稿를 엮어서, 조선 선조宣祖 때 도산서원陶山書院에서 간행한 책冊.
破閑集	5	고려 명종明宗 때 이인로李仁老의 설화·문학집.
圃隱集	1	고려 말기 문신 정몽주鄭夢周의 시문집.
浦渚集	1	조선 인조 때 조익趙翼의 시문집.
下學指南	1	조선 순조純祖 때 안정복安鼎福이 경성警省의 자료로 삼고자 하여 경전經傳의 격언格言과 고인古人의 가언嘉言·선행善行을 모아서 엮은 책.
鶴峯全集	3	조선 중기 문신 학봉鶴峯 김성일金誠一의 시문을 수집·간행한 개인 문집.
海東續小學	1	조선 고종高宗 때 박재형朴在馨이 아동의 윤리교육을 위하여 지은 책.
弘齋全書	3	조선 정조正祖 때 시문·윤음綸音·교지敎旨 등을 모은 전집全集.
計	예문 200개	

한문 독해 패턴 색인

- 색인의 범위는 교재 원문에 제시한 패턴에 한함.
- 패턴내 각각의 한자에 모두 제시함. 단, 동일한 한자가 2회 이상 포함된 패턴은 1회만 기록함.
  예: '不可不A'는 '不'과 '可'에 각 1회씩 제시함.
- 한자의 음순으로 배열함.
- 아래 '패턴 색인'을 반복하여 읽는 것도 한문독해력에 도움이 될 수 있음.

범례) 패턴 구조 : 패턴 풀이법_ 페이지번호, 페이지번호 …

ㄱ

可

見

故

苟

及

其

幾

豈

ㅂ

ㅅ

ㅍ

被

必

ㅎ

何

盍

奚

乎

或

況

後

한자 훈음 색인

- 본서는 총 7,911字의 한자로 구성되어 있으며, 중복을 제외한 개별 한자는 모두 1,344字가 출현함.
- 본 한자는 본서에 수록된 원문原文에서 실제 사용된 훈음訓音을 구분하여 제공함.
- 훈음은 1999년 본회와 한국어문회 등에서 제정한 '敎育 漢字의 代表 訓音'을 기준으로 하되, 실제 문장에서 사용된 훈에 맞춰 수정함.
- 음이 둘 이상 출현한 경우 각각의 음마다 매번 제시하여, 하나의 음만 알더라도 찾아볼 수 있도록 함.

ㄱ

假 : 빌릴 가 거짓 가 가령 가 감격할 가

價 : 값 가

加 : 더할 가 오를 가

可 : 가능할 가 옳을 가

嫁 : 시집갈 가

家 : 집 가 사람 가

暇 : 틈 가 겨를 가

却 : 물리칠 각

各 : 각각 각

覺 : 깨달을 각 깰 교

幹 : 줄기 간 주관할 관 우물 난간 한

看 : 볼 간

肝 : 간 간

諫 : 간할 간

間 : 사이 간 비난할 간 차도 있을 간

渴 : 목마를 갈

竭 : 다할 갈

葛 : 칡 갈

蝎 : 전갈 갈 나무굼벵이 할

害 : 어찌 갈 해할 해

堪 : 견딜 감

敢 : 감히 감

甘 : 달 감

鑑 : 거울 감

剛 : 굳셀 강

强 : 강할 강 힘쓸 강 억지로 강

江 : 강 강

糠 : 겨 강

綱 : 벼리 강

降 : 내릴 강 항복할 항

荒 : 공허할 강 거칠 황

個 : 낱 개

改 : 고칠 개 더욱 개 따로 개

漑 : 물 댈 개 이미 기

皆 : 다 개

蓋 : 덮을 개 어찌 합

開 : 열 개

客 : 손 객

羹 : 국 갱 땅 이름 랑

更 : 다시 갱 고칠 경

秔 : 메벼 갱

去 : 갈 거 버릴 거 거리 거

居 : 살 거

巨 : 클 거 어찌 거

拒 : 막을 거

據 : 근거 거

擧 : 들 거 모두 거 시행할 거

遽 : 급히 거

車 : 수레 거

愆 : 허물 건

桀 : 걸왕 걸 홰 걸

儉 : 검소할 검

黔 : 검을 검

怯 : 겁낼 겁

拾 : 바꿀 겁 오를 섭 주울 습 열 십

擊 : 칠 격

激 : 격할 격

膈 : 가슴 격

隔 : 사이 뜰 격

堅 : 굳을 견

犬 : 개 견

見 : 볼 견 당할 견 뵈올 현 (=現)나타날 현

決 : 결단할 결 빠를 혈

潔 : 깨끗할 결

結 : 맺을 결 마칠 결

訣 : 이별할 결 결정할 계

闋 : 문 닫을 결

謙 : 겸손할 겸 만족할 겸

傾 : 기울 경

卿 : 벼슬 경

慶 : 경사 경

敬 : 공경 경

景 : 볕 경 경치 경 (=影)그림자 영

更 : 고칠 경 다시 갱

磬 : 경쇠 경

竟 : 마침내 경

經 : 글 경 지날 경 (=縊)목맬 경

耕 : 밭 갈 경

輕 : 가벼울 경

逕 : 좁은 길 경

鏡 : 거울 경

頃 : 이랑 경 잠깐 경

訣 : 결정할 계 이별할 결

係 : 맬 계

啓 : 열 계

戒 : 경계할 계

溪 : 시내 계

稽 : 상고할 계

繫 : 맬 계

計 : 셀 계

誡 : 경계할 계

谿 : 시내 계

雞 : 닭 계

古 : 옛 고

告 : 고할 고 아뢸 곡

固 : 굳을 고 진실로 고 본디 고

姑 : 시어머니 고 우선 고 고모 고

故 : 연고 고 옛 고 까닭 고

膏 : 기름 고

苦 : 쓸 고
高 : 높을 고
鼓 : 북 고 두드릴 고
跨 : 걸터앉을 고 넘을 과
告 : 아뢸 곡 고할 고
哭 : 울 곡
曲 : 굽을 곡 구석 곡
困 : 곤할 곤 곤란할 곤
昆 : 형 곤 (=混)뒤섞일 혼
卷 : 곤룡포 곤 책 권 말 권
混 : 오랑캐 곤 섞을 혼
骨 : 뼈 골
公 : 공평할 공 제후 공
共 : 한가지 공 다할 공 함께 공
功 : 공적 공
孔 : 구멍 공 성씨 공
恐 : 두려울 공 아마 공
恭 : 공손할 공
攻 : 칠 공 (=治)다스릴 공
空 : 빌 공
寡 : 적을 과
果 : 열매 과 과연 과 과감할 과
실행할 과
瓜 : 오이 과
科 : 구덩이 과 과목 과
跨 : 넘을 과 걸터앉을 고
過 : 지날 과 허물 과
幹 : 주관할 관 줄기 간
우물 난간 한
冠 : 갓 관
官 : 벼슬 관
寬 : 너그러울 관
灌 : 물 댈 관
管 : 대롱(피리) 관 주관할 관
菅 : 골풀 관
觀 : 볼 관
貫 : 꿸 관 익숙할 관
關 : 관계할 관 관문 관 당길 완
鑵 : 두레박 관
活 : 물 콸콸 흐를 괄 살 활
光 : 빛 광
廣 : 넓을 광
枉 : 미칠 광 굽을 왕
愧 : 부끄러울 괴
鶡 : 기름새 괴

覺 : 깰 교 깨달을 각
交 : 사귈 교 서로 교 교차할 교
咬 : 물 교 새소리 교
난잡한 소리 요
巧 : 공교할 교 예쁠 교
敎 : 가르칠 교 하여금 교
校 : 학교 교
矯 : 바로잡을 교
蛟 : 교룡 교
驕 : 교만할 교
久 : 오랠 구
九 : 아홉 구 (=糾)모을 규
俱 : 갖출 구 함께 구
具 : 갖출 구
口 : 입 구 식구 구
句 : 구절 구
垢 : 때 구
懼 : 두려워할 구
拘 : 잡을 구
救 : 구원할 구
求 : 구할 구
究 : 연구할 구
舅 : 시아버지 구 외삼촌 구
舊 : 옛 구
苟 : 구차할 구 진실로 구
劬 : 수고로울 구
裘 : 갖옷 구
國 : 나라 국
鞠 : 기를 국 국문할 국
攫 : 움킬 국 움킬 확
君 : 임금 군 군자 군 그대 군
軍 : 군사 군
捃 : 주울 군
羣 : 무리 군
屈 : 굽힐 굴
弓 : 활 궁
窮 : 다할 궁 궁할 궁
躬 : 몸 궁
勸 : 권할 권
卷 : 책 권 말 권 곤룡포 곤
蹶 : 넘어질 궐 일어설 궐
뛰어 일어날 궤
넘어질 궐 일어설 궐
匱 : 다할 궤 상자 궤
繢 : 수놓을 궤 토끝 귀 수놓을 궤
토끝 회
歸 : 돌아갈 귀 선물할 귀
시집갈 귀
貴 : 귀할 귀
鬼 : 귀신 귀 별 이름 귀
九 : (=糾)모을 규 아홉 구
規 : 법 규
閨 : 안방 규
均 : 고를 균 따를 연 운 운
橘 : 귤 귤
克 : 이길 극 능할 극
棘 : 가시 극
極 : 다할 극 끝 극
亟 : 빠를 극 자주 기
勤 : 힘쓸 근 부지런할 근
根 : 뿌리 근
謹 : 삼갈 근
近 : 가까울 근
今 : 이제 금
擒 : 사로잡을 금
琴 : 거문고 금
襟 : 옷깃 금
金 : 쇠 금 성씨 김
及 : 미칠 급 더불 급
急 : 급할 급
汲 : 길을 급
漑 : 이미 기 물 댈 개
亟 : 자주 기 빠를 극
其 : 그 기 (≒豈)어찌 기 아마 기
器 : 그릇 기
基 : 터 기
己 : 몸 기
幾 : 몇 기
忌 : 꺼릴 기
技 : 재주 기
旣 : 이미 기 녹봉 희
棄 : 버릴 기
機 : 틀 기
欺 : 속일 기
氣 : 기운 기
記 : 기록할 기
豈 : 어찌 기
起 : 일어날 기
飢 : 주릴 기
饑 : 주릴 기

蟣 : 서캐 기
緊 : 긴할 긴
吉 : 길할 길
金 : 성씨 김 쇠 금

ㄴ

絮 : 실 헝클어질 나 솜 서
간 맞출 처
煖 : 더울 난
難 : 어려울 난 힐난할 난
爛 : 빛날 난 문드러질 난
빛날 란 문드러질 란
南 : 남녘 남
男 : 사내 남
納 : 들일 납 신발 신을 납
內 : (=納)들일 납 안 내
乃 : 이에 내
內 : 안 내 (=納)들일 납
耐 : 견딜 내
兩 : 냥 냥 두 량
女 : 여자 녀 시집보낼 녀
(=汝)너 여
年 : 해 년 나이 년
念 : 생각 념
寧 : 편안할 녕 차라리 녕 어찌 녕
濘 : 진창 녕
努 : 힘쓸 노
奴 : 종 노
怒 : 성낼 노
錄 : 기록할 녹 사실할 려
기록할 록 사실할 여
鹿 : 사슴 녹 사슴 록
惱 : 번뇌할 뇌
餒 : 주릴 뇌 상할 뇌
鬧 : 시끄러울 뇨 시끄러울 료
能 : 능할 능
淩 : 업신여길 능 얼음 능
업신여길 릉 얼음 릉
尼 : 여승 니 막을 닐
泥 : 진흙 니
溺 : 빠질 닉
尼 : 막을 닐 여승 니

ㄷ

多 : 많을 다 다만 다 중시할 다
點 : 시들 다 점 점
但 : 다만 단
斷 : 끊을 단
段 : 층계 단
短 : 짧을 단 헐뜯을 단
敦 : 모일 단 제기 대 덮을 도
도타울 돈 아로새길 조
다스릴 퇴
達 : 통달할 달 이를 달
淡 : 맑을 담
膽 : 쓸개 담
談 : 말씀 담
啖 : 먹을 담 소리칠 함
炎 : 아름다울 담 불꽃 염
踏 : 밟을 답
濕 : 물 이름 답 젖을 습
나라 이름 합
堂 : 집 당 당당할 당
當 : 마땅 당 감당할 당
螗 : 털매미 당
代 : 대신할 대 번갈을 대 세대 대
大 : 클 대 (=太)너무 태 (=太)클 태
對 : 대할 대 대답할 대
待 : 기다릴 대
毒 : 거북 대 독 독
敦 : 제기 대 모일 단 덮을 도
도타울 돈 아로새길 조
다스릴 퇴
載 : (=戴)떠받들 대 실을 재
(≒年)해 재
德 : 덕 덕
刀 : 칼 도
到 : 이를 도
圖 : 그림 도 도모할 도
塗 : 칠할 도 진흙 도 (=途)길 도
導 : 인도할 도
屠 : 죽일 도 흉노 왕의 칭호 저
度 : 법도 도 (=渡)건널 도
헤아릴 탁 살 택
徒 : 무리 도 한갓 도
盜 : 도둑 도
覩 : 볼 도
逃 : 도망할 도
道 : 길 도 (=導)이끌 도
(≒治)다스릴 도 (=徒)무리 도
都 : 도읍 도 못 지
敦 : 덮을 도 모일 단 제기 대
도타울 돈 아로새길 조
다스릴 퇴
濯 : 상앗대 도 씻을 탁
毒 : 독 독 거북 대
獨 : 홀로 독
篤 : 도타울 독
讀 : 읽을 독 구절 두
豘 : 돼지 새끼 돈
敦 : 도타울 돈 모일 단 제기 대
덮을 도 아로새길 조
다스릴 퇴
突 : 갑자기 돌
動 : 움직일 동
同 : 한가지 동
東 : 동녘 동
棟 : 마룻대 동
童 : 아이 동 땅 이름 종
讀 : 구절 두 읽을 독
斗 : 말 두
豆 : 콩 두 제기 두
頭 : 머리 두
肚 : 배 두
土 : 뿌리 두 흙 토
得 : 얻을 득 능할 득
登 : 오를 등
等 : 무리 등 등급 등

ㄹ

懶 : 게으를 라
刺 : 수라 라 찌를 자 찌를 척
비방할 체
諾 : 허락할 락 느리게 대답할 락
落 : 떨어질 락 촌락 락
樂 : 즐길 락 노래 악 좋아할 요
亂 : 어지러울 란 다스릴 란
악장 이름 란
爛 : 빛날 란 문드러질 란
빛날 난 문드러질 난
濫 : 넘칠 람
羹 : 땅 이름 랑 국 갱
蜋 : 사마귀 랑 쇠똥구리 량

來 : 올 래
蜋 : 쇠똥구리 량 사마귀 랑
兩 : 두 량 한냥 량
凉 : 서늘할 량 서늘할 양
梁 : 들보 량 나라이름 량
樑 : 들보 량
良 : 어질 량 진실로 량
量 : 헤아릴 량 헤아릴 양
涼 : 서늘할 량
兩 : 두 량 냥 냥
勵 : 힘쓸 려 힘쓸 여
呂 : 성씨 려 법칙 려
성씨 여 법칙 여
慮 : 생각할 려
旅 : 나그네 려 군대 려
제사이름 려
錄 : 사실할 려 기록할 녹
기록할 록 사실할 여
力 : 힘 력
憐 : 불쌍히 여길 련
戀 : 그리워할 련 그릴 련
그리워할 연
烈 : 매울 렬 불 놓을 렬
廉 : 청렴할 렴 모날 렴
斂 : 거둘 렴
獵 : 사냥 렵
令 : 명령 령 하여금 령
領 : 거느릴 령 거느릴 영
例 : 법식 례 법식 예
禮 : 예도 례
醴 : 단술 례
勞 : 일할 로 수고로울 노
老 : 늙을 로 노자**老子** 로
路 : 길 로
露 : 이슬 로
潦 : 큰비 로 큰비 료 초라할 료
祿 : 녹 록
錄 : 기록할 록 기록할 녹
사실할 려 사실할 여
鹿 : 사슴 록 사슴 녹
論 : 논할 론
龍 : (=隴/壟)언덕 롱 용 룡
了 : 마칠 료 밝을 료
마칠 요 밝을 요
僚 : 동료 료 예쁠 료
동료 요 예쁠 요
料 : 헤아릴 료 헤아릴 요
鬧 : 시끄러울 료 시끄러울 뇨
潦 : 큰비 료 초라할 료 큰비 로
龍 : 용 룡 (=隴/壟)언덕 롱
寵 : 현 이름 룡 사랑할 총
淚 : 눈물 루
漏 : 샐 루 모퉁이 루
累 : 자주 루 허물 루
螻 : 땅강아지 루
劉 : 죽일 류 성씨 류
柳 : 버들 류 성씨 류
流 : 흐를 류 유배 보낼 류
留 : 머무를 류 남길 류
類 : 무리 류
倫 : 인륜 륜 차례 륜
輪 : 바퀴 륜
隆 : 높을 륭 높을 융
稟 : 곳집 름 여쭐 품
凌 : 업신여길 릉 얼음 릉
업신여길 능 얼음 능
利 : 이로울 리 날카로울 리
履 : 밟을 리 신 리
李 : 오얏 리
理 : 다스릴 리 이치 리
裏 : (=裡)속 리
里 : 마을 리 거리 단위 리
離 : 떠날 리
異 : 다를 리 기이할 리
詈 : 꾸짖을 리
吝 : 아낄 린 아낄 인
隣 : (=鄰)이웃 린
林 : 수풀 림
臨 : 임할 림
立 : 설 립 곧 립

ㅁ

磨 : 갈 마
馬 : 말 마
麻 : 삼 마
莫 : 없을 막 (=暮)늦을 모
邈 : 멀 막
慢 : 거만할 만 게으를 만
업신여길 만
滿 : 가득찰 만
瞞 : 속일 만 부끄러워할 문
萬 : 일만 만 모두 만
末 : 끝 말 없을 말
亡 : 망할 망 도망할 망
술 만족하지 않을 망 없을 무
妄 : 망령될 망
忘 : 잊을 망
忙 : 바쁠 망
望 : 바랄 망 보름 망
網 : 그물 망
罔 : 없을 망 (=誷)속일 망
(=網)그물 망
茫 : 아득할 망 황홀할 황
莽 : 우거질 망 우거질 무
寐 : 잘 매
每 : 매양 매
罵 : 꾸짖을 매
萌 : 움 맹 활량나물 명 있을 몽
緜 : 가는 실 멱 실 사
免 : 면할 면
綿 : 솜 면 이어질 면
面 : 낯 면 향할 면
滅 : 꺼질 멸
萌 : 활량나물 명 움 맹 있을 몽
冥 : 어두울 명
名 : 이름 명 형용할 명
命 : 목숨 명 명할 명
(≒慢)태만할 명
明 : 밝을 명 눈 밝을 명
銘 : 새길 명
莫 : (=暮)늦을 모 없을 막
侮 : 업신여길 모
慕 : 그릴 모
暮 : 저물 모
母 : 어머니 모
謀 : 꾀 모
耄 : 늙은이 모
木 : 나무 목 질박할 목
沐 : 머리 감을 목
牧 : 칠 목
目 : 눈 목
睦 : 화목할 목
沒 : 빠질 몰
萌 : 있을 몽 움 맹 활량나물 명
夢 : 꿈 몽

亡 : 없을 무 망할 망 도망할 망
술 만족하지 않을 망
莽 : 우거질 무 우거질 망
務 : 힘쓸 무
武 : 호반 무 굳셀 무
毋 : 말 무
無 : 없을 무
茂 : 무성할 무
霧 : 안개 무
默 : 잠잠할 묵
黙 : 묵묵할 묵
瞞 : 부끄러워할 문 속일 만
問 : 물을 문 문병할 문
文 : 글월 문 문채날 문
聞 : 들을 문 소문 문
門 : 문 문
勿 : 말 물
物 : 물건 물 다른 사람 물
微 : 작을 미 아닐 미
未 : 아닐 미
眉 : 눈썹 미
美 : 아름다울 미
迷 : 미혹할 미
敏 : 민첩할 민
民 : 백성 민
密 : 빽빽할 밀
蜜 : 꿀 밀

ㅂ

博 : 넓을 박 장기 박
朴 : 성씨 박 칠 복 성씨 부
薄 : 엷을 박
半 : 반 반
反 : 돌이킬 반 뒤집힐 번
畔 : 밭두둑 반 어긋날 반
(=泮)물가 반 (=叛)배반할 반
盤 : 소반 반
般 : 가지 반 일반 반
飯 : 밥 반 먹을 반
發 : 필 발 쏠 발 창고 열 발
悖 : 우쩍 일어날 발 거스를 패
放 : 풀어놓을 방 방자할 방
方 : 모 방 본뜰 방 바야흐로 방
겨우 방
防 : 막을 방

倍 : 곱 배 (=背)배신할 배
(≒背)등질 패
盃 : 잔 배
背 : 등질 배 배반할 배
北 : (=背)달아날 배 (=背)등질 배
북녘 북
沸 : 어지럽게 날 배 용솟음할 불
끓을 비
伯 : 맏 백 백배 백
柏 : 잣 백 측백 백
栢 : 측백 백
白 : 흰 백 알릴 백
百 : 일백 백
怕 : 담담할 백 두려워할 파
反 : 뒤집힐 번 돌이킬 반
煩 : 번거로울 번
罰 : 벌할 벌
凡 : 무릇 범 모두 범
法 : 법 법 본받을 법
辟 : 임금 벽 부를 벽
(=譬)비유할 비 (=避)피할 피
變 : 변할 변
辨 : 분별할 변
辯 : 말 잘할 변
邊 : 가 변
便 : 곧 변 문득 변 편할 편
別 : 나눌 별 다를 별
兵 : 병사 병 전쟁 병
炳 : 불꽃 병 밝을 병
甁 : 병 병
病 : 병 병 수고로울 병
並 : 나란히 병
保 : 지킬 보
報 : 갚을 보 알릴 보
寶 : 보배 보
步 : 걸음 보
補 : 기울 보 도울 보
輔 : 도울 보
父 : 경칭 보 아버지 부
布 : 보시 보 베 포 펼 포
朴 : 칠 복 성씨 박 성씨 부
伏 : 엎드릴 복 안을 부
僕 : 종 복
卜 : 점 복 무 복 짐바리 짐
復 : 회복할 복 다시 부

服 : 옷 복 복종할 복 대신 복
(≒懷)품을 복
福 : 복 복
腹 : 배 복
覆 : 다시 복 덮을 부
本 : 근본 본
奉 : 받들 봉
封 : 제사이름 봉 봉할 봉
縫 : 꿰맬 봉
逢 : 만날 봉
朴 : 성씨 부 성씨 박 칠 복
伏 : 안을 부 엎드릴 복
復 : 다시 부 회복할 복
覆 : 덮을 부 다시 복
否 : 아닐 부 막힐 비
夫 : 남편 부 어조사 부
婦 : 아내 부
富 : 부유할 부
扶 : 도울 부
斧 : 도끼 부
浮 : 뜰 부 부처 부
父 : 아버지 부 경칭 보
符 : 부절 부
負 : 질 부
賦 : 부세 부 문체 이름 부
部 : 떼 부
北 : 북녘 북 (=背)달아날 배
(=背)등질 배
分 : 나눌 분 단위 푼
噴 : 뿜을 분
墳 : 무덤 분
奮 : 떨칠 분
忿 : 성낼 분
盆 : 동이 분
糞 : 똥 분
不 : 아니 불
拂 : 떨칠 불 도울 필
沸 : 용솟음할 불 어지럽게 날 배
끓을 비
朋 : 벗 붕
否 : 막힐 비 아닐 부
備 : 갖출 비
卑 : 낮을 비
悲 : 슬플 비
比 : 견줄 비 아첨할 비

沸 : 끓을 비 어지럽게 날 배
용솟음할 불
粃 : 쭉정이 비 더럽힐 비
譬 : 비유할 비
非 : 아닐 비 (↔是)그를 비
비방할 비
鼻 : 코 비
俾 : 더할 비 하여금 비
辟 : (=譬)비유할 비 부를 벽
임금 벽 (=避)피할 피
貧 : 가난할 빈
賓 : 손 빈
頻 : 자주 빈

人

事 : 일 사 섬길 사
仕 : 벼슬 사
似 : 닮을 사
使 : 부릴 사 하여금 사
심부름 보낼 시
司 : 맡을 사
四 : 넉 사
士 : (=師)군사 사 선비 사
奢 : 사치할 사
射 : 쏠 사 맞힐 석 벼슬 이름 야
싫어할 역
師 : 스승 사 (=士)군사 사
徙 : 옮길 사
思 : 생각 사 어조사 사
捨 : 버릴 사
斯 : 이 사 (=則)어조사 사 잠깐 사
死 : 죽을 사
私 : 사사로울 사 편애할 사
絲 : 실 사 가는 실 멱
舍 : (=捨)버릴 사 집 사
蛇 : 뱀 사
詞 : 말 사 글 사
謝 : 사례할 사
賜 : 줄 사
辭 : 말씀 사 핑계 사
邪 : 간사할 사 그런가 야
駟 : 사마 사
麝 : 사향노루 사
食 : 먹일 사 먹을 식 밥 식
數 : 자주 삭 셈할 수 촘촘할 촉

山 : 메 산
散 : 흩을 산
殺 : 죽일 살 감할 쇄
(=弑)윗사람 죽일 시
三 : 석 삼
參 : 석 삼 참여할 참
揷 : 꽂을 삽
上 : 윗 상 임금 상 가장자리 상
傷 : 상할 상
商 : 장사 상
喪 : 잃을 상
嘗 : 맛볼 상 일찌기 상
가을제사 상
尙 : 오히려 상 숭상할 상
상나라 상
常 : 항상 상 떳떳할 상
(=嘗)일찍이 상
爽 : 시원할 상
牀 : 상 상
相 : 서로 상 재상 상 점칠 상
(=狀)모양 상
祥 : 상서 상
詳 : 자세할 상
賞 : 상줄 상
霜 : 서리 상
橡 : 상수리나무 상 모양 양
塞 : 변방 새 막힐 색 변방 새
色 : 빛 색
生 : 날 생
省 : 덜 생 살필 성
序 : 차례 서 학교 이름 서
庶 : 여러 서 거의 서
恕 : 용서할 서
書 : 글 서 책 서 쓸 서
絮 : 솜 서 실 헝클어질 나
간 맞출 처
逝 : 갈 서
豫 : 펼 서 미리 예
娶 : 중매들 서 장가들 취
射 : 맞힐 석 쏠 사 벼슬 이름 야
싫어할 역
夕 : 저녁 석
席 : 자리 석
惜 : 아낄 석
昔 : 옛 석

石 : 돌 석
釋 : 풀 석 기뻐할 역
摭 : 주울 석 주울 척
仙 : 신선 선
先 : 먼저 선
善 : 착할 선 잘할 선
船 : 배 선
選 : 가릴 선
鮮 : 고울 선 선명할 선 생선 선
(=稀)드물 선
還 : (=旋)돌 선 돌아올 환
泄 : 샐 설 흩어질 예
舌 : 혀 설
說 : 말씀 설 달랠 세
(=悅)기뻐할 열 (=脫)벗을 탈
雪 : 눈 설
涉 : 건널 섭
拾 : 오를 섭 바꿀 겁 주울 습
열 십
葉 : 땅 이름 섭 잎 엽
城 : 재 성
性 : 성품 성
成 : 이룰 성
盛 : 성할 성 담을 성
省 : 살필 성 덜 생
聖 : 성인 성
聲 : 소리 성
誠 : 정성 성 진실로 성
說 : 달랠 세 말씀 설
(=悅)기뻐할 열 (=脫)벗을 탈
世 : 세상 세 대 세
勢 : 형세 세
歲 : 해 세
洗 : 씻을 세
細 : 가늘 세
召 : 부를 소
小 : 작을 소
少 : 적을 소 젊을 소
所 : 바 소 처소 소
掃 : 쓸 소
昭 : 밝을 소 사당차례 소
消 : 사라질 소
疏 : 멀어질 소 트일 소 소통할 소
疎 : 성길 소
笑 : 웃음 소 비웃을 소

素 : 흴 소 본디 소
蘇 : 되살아날 소 차조기 소
騷 : 떠들 소
肖 : 꺼질 소 닮을 초 같을 초
俗 : 풍속 속
粟 : 조 속
續 : 이을 속
速 : 빠를 속
孫 : 손자 손 (=遜)겸손할 손
損 : 덜 손
宋 : 송나라 송 성씨 송
松 : 소나무 송
誦 : 외울 송
殺 : 감할 쇄 죽일 살
(=弑)윗사람 죽일 시
衰 : 쇠할 쇠 상복 최
修 : 닦을 수 수선할 수
受 : 받을 수
垂 : 드리울 수
嫂 : 형수 수
守 : 지킬 수
愁 : 근심 수 모을 추
手 : 손 수
授 : 줄 수
收 : 거둘 수
數 : 셈할 수 자주 삭 촘촘할 촉
樹 : 나무 수 세울 수
水 : 물 수
羞 : 부끄러울 수
誰 : 누구 수
讐 : 원수 수
遂 : 따를 수 드디어 수
隨 : 따를 수
雖 : 비록 수
須 : 모름지기 수 잠깐 수
(=鬚)수염 수
首 : 머리 수
讎 : 원수 수
術 : 취락 이름 수 재주 술
唯 : (=誰)누구 수 오직 유
대답할 유
叔 : 아저씨 숙
夙 : 이를 숙
孰 : (=熟)익을 숙 누구 숙
熟 : 익을 숙
肅 : 엄숙할 숙
透 : 놀랄 숙 사무칠 투
循 : 돌 순
荀 : 풀 이름 순
順 : 순할 순
訓 : 길 순 가르칠 훈
術 : 재주 술 취락 이름 수
怵 : 꾈 술 두려워할 출
卒 : 버금 쉬 마칠 졸
瑟 : 큰 거문고 슬
蝨 : 이 슬
濕 : 젖을 습 물 이름 답
나라 이름 합
拾 : 주울 습 바꿀 겁 오를 섭
열 십
習 : 익힐 습
襲 : 엄습할 습
勝 : 이길 승
升 : 되 승 (=昇)오를 승
昇 : 오를 승
繩 : 노끈 승
使 : 심부름 보낼 시 부릴 사
하여금 사
殺 : (=弑)윗사람 죽일 시 죽일 살
감할 쇄
侍 : 모실 시
始 : 비로소 시
市 : 저자 시
恃 : 믿을 시 시어미 시
施 : 베풀 시 버릴 이
是 : 이 시 옳을 시
時 : 때 시 (=是)이 시
視 : 볼 시
試 : 시험 시
詩 : 시 시
堤 : 대개 시 둑 제
提 : 떼지어 날 시 끌 제
植 : 심을 식 둘 치
識 : 알 식 기록할 지
食 : 밥 식 먹을 식 먹일 사
伸 : 펼 신
信 : 믿을 신 진실로 신
愼 : 삼갈 신
新 : 새로울 신
燼 : 불탄 끝 신
神 : 귀신 신
臣 : 신하 신
薪 : 땔나무 신
身 : 몸 신
辛 : 매울 신
親 : (=新)새로울 신 친할 친
失 : 잃을 실
室 : 집 실 아내 실
實 : 열매 실 채울 실 사실 실
悉 : 다 실
審 : 살필 심
尋 : 찾을 심 여덟 자 심
心 : 마음 심
深 : 깊을 심
甚 : 심할 심
沈 : 성씨 심 잠길 침
拾 : 열 십 바꿀 겁 오를 섭
주울 습
十 : 열 십
雙 : 쌍 쌍
氏 : 성씨 씨 각시 씨

ㅇ

兒 : 아이 아
我 : 나 아
芽 : 싹 아
雅 : 맑을 아 바를 아
嶽 : 큰 산 악
惡 : 악할 악 미워할 오 어찌 오
樂 : 노래 악 즐길 락 좋아할 요
安 : 편안 안 어찌 안
晏 : 늦을 안
眼 : 눈 안
雁 : 기러기 안
顔 : 얼굴 안
暗 : 어두울 암
闇 : 숨을 암 큰물 질 음
厭 : 겸연쩍을 암 물릴 염
싫어할 염
仰 : 우러를 앙
殃 : 재앙 앙
哀 : 슬플 애
埃 : 티끌 애
崖 : 언덕 애
愛 : 사랑 애 아낄 애

額 : 이마 액
射 : 벼슬 이름 야 쏠 사 맞힐 석
싫어할 역
邪 : 그런가 야 간사할 사
也 : 어조사 야
夜 : 밤 야
野 : 들 야 촌스러울 야
弱 : 약할 약
約 : 맺을 약 요약할 약
若 : 같을 약 만약 약 너 약
涼 : 서늘할 양 서늘할 량
量 : 헤아릴 양 헤아릴 량
壤 : 흙덩이 양
揚 : 날릴 양
楊 : 버들 양
樣 : 모양 양 상수리나무 상
羊 : 양 양
讓 : 사양할 양 꾸짖을 양
陽 : 볕 양
養 : 기를 양
於 : 어조사 어 (=嗚)탄식할 오
語 : 말씀 어
魚 : 물고기 어
抑 : 누를 억 아니 억
偃 : 쓰러질 언 쓰러질 언
焉 : (=於此)어조사 언 어찌 언
言 : 말씀 언 어조사 언
諺 : 속담 언
嚴 : 엄할 엄
業 : 일 업
勵 : 힘쓸 여 힘쓸 려
呂 : 성씨 여 법칙 여
성씨 려 법칙 려
錄 : 사실할 여 기록할 녹
사실할 려 기록할 록
予 : (=余)나 여 (=與)줄 여
余 : 나 여 남을 여
如 : 같을 여 만약 여 (=之)갈 여
혹(或) 여
汝 : 너 여
與 : 더불 여 줄 여 허여할 여
(=歟)그런가 여 참여할 예
轝 : 수레 여
餘 : 남을 여
除 : 음력 사월 여 덜 제

射 : 싫어할 역 쏠 사 맞힐 석
벼슬 이름 야
釋 : 기뻐할 역 풀 석
亦 : 또 역
易 : 바꿀 역 쉬울 이
(≒治)다스릴 이
逆 : 거스릴 역
均 : 따를 연 고를 균 운 운
戀 : 그리워할 연
그리워할 련 그릴 련
姸 : 고울 연
延 : 끌 연 늘일 연
椽 : 서까래 연
淵 : 깊을 연 못 연
然 : 그럴 연 (=燃)불탈 연
燕 : 제비 연 (=宴)잔치 연
衍 : 넓을 연
說 : (=悅)기뻐할 열 말씀 설
달랠 세 (=脫)벗을 탈
熱 : 더울 열
厭 : 싫어할 염 물릴 염
겸연쩍을 암
染 : 물들 염
炎 : 불꽃 염 아름다울 담
葉 : 잎 엽 땅 이름 섭
景 : (=影)그림자 영 경치 경 볕 경
領 : 거느릴 영 거느릴 령
榮 : 영화 꽃 영
永 : 길 영 읊을 영
盈 : 찰 영
迎 : 맞을 영
瑩 : 밝을 영 옥돌 옥 의혹할 형
籯 : 광주리 영
例 : 법식 예 법식 례
泄 : 흩어질 예 샐 설
與 : 참여할 예 더불 여 줄 여
허여할 여 (=歟)그런가 여
睿 : 슬기 예
穢 : 더러울 예
藝 : 재주 예 심을 예
譽 : 기릴 예 명예 예
豫 : 미리 예 펼 서
惡 : 미워할 오 어찌 오 악할 악
於 : (=嗚)탄식할 오 어조사 어
五 : 다섯 오

伍 : 다섯 사람 오
吾 : 나 오
吳 : 오나라 오
嗚 : 슬플 오
汚 : 더러울 오
誤 : 그르칠 오
忤 : 거스를 오
汙 : 더러울 오 낮을 와 팔 와
구부릴 우
屋 : 집 옥
獄 : 옥 옥
玉 : 구슬 옥
瑩 : 옥돌 옥 밝을 영 의혹할 형
溫 : 따뜻할 온 (=縕)쌓을 온
雍 : 화할 옹
汙 : 낮을 와 팔 와 더러울 오
구부릴 우
臥 : 누울 와
倭 : 나라 이름 와 왜나라 왜
구불구불할 위
關 : 당길 완 관계할 관 관문 관
緩 : 느릴 완
曰 : 가로 왈
往 : 갈 왕
枉 : 굽을 왕 미칠 광
汪 : 넓을 왕
王 : 임금 왕 왕노릇할 왕
皇 : 갈 왕 임금 황
倭 : 왜나라 왜 나라 이름 와
구불구불할 위
外 : 바깥 외
畏 : 두려워할 외
咬 : 난잡한 소리 요
물 교 새소리 교
了 : 마칠 요 밝을 요
마칠 료 밝을 료
僚 : 동료 요 예쁠 요
동료 료 예쁠 료
料 : 헤아릴 요 헤아릴 료
樂 : 좋아할 요 즐길 락 노래 악
撓 : 어지러울 요 부드럽게 할 호
돌 효
要 : 요긴할 요 요구할 요
遙 : 멀 요
邀 : 맞을 요

慾 : 욕심 욕
欲 : 하고자 할 욕
辱 : 욕될 욕
勇 : 날랠 용
容 : 얼굴 용 담을 용
用 : 쓸 용
舂 : 찧을 용
汙 : 구부릴 우 더러울 오 낮을 와 팔 와
于 : 어조사 우
又 : 또 우
友 : 벗 우
尤 : 탓할 우 더욱 우
愚 : 어리석을 우
憂 : 근심 우
牛 : 소 우
祐 : 복 우 도울 우
羽 : 깃 우 음률 우
遇 : 만날 우
雨 : 비 우
勖 : 힘쓸 욱
均 : 운 운 고를 균 따를 연
云 : 이를 운 (=雲)구름 운
雲 : 구름 운
苑 : 막힐 울 나라 동산 원
元 : 으뜸 원
圓 : 둥글 원
園 : 동산 원
寃 : 원통할 원
怨 : 원망할 원
援 : 도울 원
源 : 근원 원
苑 : 나라 동산 원 막힐 울
遠 : 멀 원
願 : 원할 원
月 : 달 월
越 : 넘을 월 부들자리 활
鉞 : 도끼 월
倭 : 구불구불할 위 나라 이름 와 왜나라 왜
位 : 자리 위
僞 : 거짓 위
危 : 위태할 위
威 : 위엄 위
爲 : 할 위 될 위 위할 때문 위
葦 : 갈대 위
謂 : 이를 위
違 : 어긋날 위
唯 : 오직 유 대답할 유 (=誰)누구 수
幼 : 어릴 유
幽 : 그윽할 유 검을 유
惟 : 오직 유 생각할 유
愈 : 나을 유
有 : 있을 유 (=又)또 유
柔 : 부드러울 유
猶 : 같을 유 오히려 유
由 : 말미암을 유 (=猶)같을 유
踰 : 넘을 유
遺 : 남길 유 버릴 유
肉 : 고기 육
潤 : 불을 윤 윤택할 윤
隆 : 높을 융 높을 륭
戎 : 병장기 융 오랑캐 융
融 : 녹을 융
恩 : 은혜 은
隱 : 숨을 은 가여워할 은
限 : 심할 은 한할 한
闇 : 큰물 질 음 숨을 암
陰 : 그늘 음 몰래 음
飮 : 마실 음
欽 : 신음할 음 공경할 흠
淫 : 음란할 음
應 : 응할 응
依 : 의지할 의
倚 : 기댈 의
宜 : 마땅 의
意 : 뜻 의
懿 : 아름다울 의
疑 : 의심할 의 아마 의
矣 : 어조사 의
義 : 옳을 의
蟻 : 개미 의
衣 : 옷 의 저고리 의
誼 : 정 의 옳을 의
議 : 의논할 의
施 : 버릴 이 베풀 시
易 : 쉬울 이 (≒治)다스릴 이 바꿀 역
二 : 두 이
以 : 써 이 까닭 이 (=用)쓸 이 (=已)너무 이
伊 : 저 이
已 : 이미 이 그칠 이 (≒太)너무 이
爾 : 뿐 이 너 이
移 : 옮길 이
而 : 말 이을 이 (=爾)너 이
耳 : 귀 이 (=爾)뿐 이
邇 : 가까울 이
益 : 더할 익
吝 : 아낄 인 아낄 린
人 : 사람 인
仁 : 어질 인
刃 : 칼날 인
因 : 인할 인
寅 : 범 인 셋째 지지 인
忍 : 참을 인 차마할 인
一 : 한 일
日 : 날 일
溢 : 넘칠 일
任 : 맡길 임 신임할 임
入 : 들 입

ㅈ

刺 : 찌를 자 수라 라 찌를 척 비방할 체
咨 : 물을 자
子 : 자식 자 스승 자 그대 자
字 : 글자 자
孜 : 힘쓸 자
玆 : 이 자 검을 자 검을 현
者 : 놈 자 어조사 자
自 : 스스로 자 부터 자
梓 : 가래나무 자 가래나무 재
劑 : 엄쪽 자 약제 제
齊 : 옷자락 자 상복 자 재계할 재 가지런할 제 제나라 제
作 : 지을 작
爵 : 벼슬 작 참새 작
酌 : 술 부을 작 잔질할 작
雀 : 참새 작
雜 : 섞일 잡
丈 : 어른 장
壯 : 장할 장
將 : 장수 장 장차 장 가질 장
張 : 베풀 장

杖 : 지팡이 장
牆 : 담 장
章 : 글 장
莊 : 씩씩할 장 장원 장
葬 : 장사지낼 장
藏 : 감출 장
贓 : 장물 장
長 : 길 장 어른 장
棖 : 사람 이름 장 문설주 정
再 : 두 재
哉 : 어조사 재
在 : 있을 재
才 : 재주 재
材 : 재목 재
栽 : 심을 재
梓 : 가래나무 재 가래나무 자
災 : 재앙 재
財 : 재물 재
載 : 실을 재 (≒年)해 재
(=戴)떠받들 대
齊 : 재계할 재 상복 자 옷자락 자
가지런할 제 제나라 제
屠 : 흉노 왕의 칭호 저 죽일 도
低 : 낮을 저
底 : 밑 저 어조사 저 숫돌 지
猪 : 돼지 저 암퇘지 차
著 : 지을 저 나타날 저 입을 착
붙을 착
諸 : (=之於)어조사 저
(≒之乎)어조사 저 모두 제
着 : 나타날 저 붙을 착
敵 : 대적할 적
滴 : 물방울 적
積 : 쌓을 적
賊 : 도둑 적
跡 : 발자취 적
適 : 맞을 적 시집갈 적
傳 : 전할 전
全 : 온전할 전
前 : 앞 전
專 : 멋대로할 전 오로지 전
戰 : 싸움 전 두려워할 전
殿 : 전각 전
田 : 밭 전 사냥할 전
轉 : 구를 전

錢 : 돈 전
顚 : 엎드러질 전 이마 전
餞 : 보낼 전
嗔 : 성한 모양 전 성낼 진
切 : 끊을 절 온통 체
折 : 꺾을 절
絶 : (=絕)끊을 절
漸 : 점점 점 적실 점
點 : 점 점 시들 다
接 : 이을 접
井 : 우물 정
定 : 정할 정
廷 : 조정 정
情 : 뜻 정
政 : 정사 정 (=征)칠 정
整 : 가지런할 정
正 : 바를 정 기대할 정 정월 정
程 : 한도 정 길 정
精 : 정할 정 찧을 정
貞 : 곧을 정
靜 : 고요할 정
鼎 : 솥 정
棖 : 문설주 정 사람 이름 장
制 : (=製)지을 제 절제할 제
劑 : 약제 제 엄쪽 자
啼 : 울 제
堤 : 둑 제 대개 시
帝 : 임금 제
弟 : 아우 제 (=悌)공경할 제
提 : 끌 제 떼지어 날 시
濟 : 건널 제
祭 : 제사 제
第 : 차례 제
諸 : 모두 제 (=之於)어조사 저
(≒之乎)어조사 저
除 : 덜 제 음력 사월 여
際 : 즈음 제 가 제
齊 : 가지런할 제 제나라 제
상복 자 옷자락 자 재계할 재
敦 : 아로새길 조 모일 단 제기 대
덮을 도 도타울 돈 다스릴 퇴
凋 : 시들 조
助 : 도울 조
弔 : 위로할 조
彫 : 새길 조

措 : 둘 조 섞을 착 잡을 책
찌를 척
操 : 잡을 조
早 : 이를 조
朝 : 아침 조 조회할 조
照 : 비칠 조
祖 : 할아버지 조 조상 조
祚 : 복 조
糟 : 지게미 조
調 : 고를 조 아침 주
造 : 지을 조
遭 : 만날 조
釣 : 낚을 조 낚시 조
阻 : 막힐 조
鳥 : 새 조
族 : 겨레 족 풍류 가락 주
足 : 발 족 만족할 족 지나칠 주
存 : 있을 존
尊 : 높을 존 (=樽)술 그릇 준
卒 : 마칠 졸 버금 쉬
拙 : 옹졸할 졸
童 : 땅 이름 종 아이 동
宗 : 마루 종
從 : 좇을 종 쫓을 종 부터 종
種 : 심을 종 씨 종
終 : 마칠 종
縱 : 세로 종 방종할 종
鍾 : 쇠북 종 술병 종
坐 : 앉을 좌
左 : 왼 좌
罪 : 허물 죄
調 : 아침 주 고를 조
族 : 풍류 가락 주 겨레 족
足 : 지나칠 주 발 족 만족할 족
主 : 주인 주 임금 주
住 : 살 주
做 : 지을 주
奏 : 아뢸 주 연주할 주
晝 : 낮 주
朱 : 붉을 주
柱 : 기둥 주 버틸 주
珠 : 구슬 주
紂 : 껑거리끈 주 주임금 주
舟 : 배 주
誅 : 벨 주

酒 : 술 주
啄 : 부리 주 쫄 탁
竹 : 대 죽
尊 : (=樽)술 그릇 준 높을 존
中 : 가운데 중
仲 : 버금 중
衆 : 무리 중
重 : 무거울 중 거듭 중
卽 : 곧 즉
則 : (=卽)곧 즉 법칙 칙
增 : 더할 증 겹칠 층
憎 : 미울 증
贈 : 줄 증
都 : 못 지 도읍 도
識 : 기록할 지 알 식
底 : 어조사 저 숫돌 지 밑 저
之 : 그것 지 어조사 지 갈 지
只 : 다만 지 외짝 척
咫 : 여덟 치 지
地 : 땅 지
志 : 뜻 지 (=誌)기록할 지
持 : 가질 지
智 : 지혜 지
枝 : 가지 지
止 : 그칠 지
知 : 알 지 (=智)지혜 지
至 : 이를 지
遲 : 더딜 지 늦을 지
質 : 폐백 지 바탕 질
直 : 곧을 직 다만 직
職 : 직분 직
嗔 : 성낼 진 성한 모양 전
塵 : 티끌 진
振 : 떨칠 진
盡 : 다할 진
眞 : 참 진
進 : 나아갈 진
陳 : 베풀 진 묵을 진
秩 : 차례 질
窒 : 막힐 질
質 : 바탕 질 폐백 지
卜 : 짐바리 짐 점 복 무 복
執 : 잡을 집
集 : 모을 집
懲 : 징계할 징

ㅊ

猪 : 암퇘지 차 돼지 저
且 : 또 차 장차 차 우선 차
借 : 빌릴 차
差 : 다를 차
次 : 머뭇거릴 차 버금 차
此 : 이 차
著 : 입을 착 붙을 착 지을 저
나타날 저
措 : 섞을 착 둘 조 잡을 책
찌를 척
着 : 붙을 착 나타날 저
察 : 살필 찰
參 : 참여할 참 석 삼
慙 : 부끄러울 참
斬 : 벨 참
替 : 참람할 참 바꿀 체
滄 : 큰 바다 창
漲 : 넘칠 창
瘡 : 부스럼 창
蒼 : 푸를 창
採 : 캘 채 풍채 채
菜 : 나물 채
措 : 잡을 책 둘 조 섞을 착
찌를 척
冊 : 책 책
策 : 꾀 책 채찍 책
責 : 꾸짖을 책
絮 : 간 맞출 처 실 헝클어질 나
솜 서
妻 : 아내 처
處 : 곳 처 거처할 처
刺 : 찌를 척 수라 라 찌를 자
비방할 체
措 : 찌를 척 둘 조 섞을 착
잡을 책
只 : 외짝 척 다만 지
尺 : 자 척
戚 : 친척 척 (=慽)근심할 척
摭 : 주울 척 주울 석
千 : 일천 천
天 : 하늘 천
川 : 내 천
泉 : 샘 천
淺 : 얕을 천

穿 : 뚫을 천
賤 : 천할 천
遷 : 옮길 천
哲 : 밝을 철
轍 : 바퀴 자국 철
啜 : 먹을 철
添 : 더할 첨
簷 : 처마 첨
甛 : 달 첨
妾 : 첩 첩
淸 : 맑을 청
聽 : 들을 청
靑 : 푸를 청
刺 : 비방할 체 수라 라 찌를 자
찌를 척
切 : 온통 체 끊을 절
替 : 바꿀 체 참람할 참
體 : 몸 체
初 : 처음 초
憔 : 파리할 초
楚 : 초나라 초
肖 : 닮을 초 같을 초 꺼질 소
草 : 풀 초
數 : 촘촘할 촉 자주 삭 셈할 수
燭 : 촛불 촉
趣 : 재촉할 촉 벼슬 이름 추 뜻 취
蠋 : 나비 애벌레 촉
寵 : 사랑할 총 현 이름 룡
摠 : 다 총 합할 총
聰 : 귀 밝을 총
衰 : 상복 최 쇠할 쇠
最 : 가장 최
榱 : 서까래 최
愁 : 모을 추 근심 수
墜 : 떨어질 추
推 : 밀 추 밀 퇴
秋 : 가을 추
追 : 좇을 추 쫓을 추
鄒 : 추나라 추
箠 : 채찍 추
麤 : 거칠 추
趣 : 벼슬 이름 추 재촉할 촉 뜻 취
畜 : 가축 축 (=蓄)쌓을 축 기를 휵
蓄 : 모을 축 겨울 푸성귀 휵
軸 : 굴대 축

逐 : 쫓을 축
春 : 봄 춘
出 : 날 출
怵 : 두려워할 출 꾈 술
充 : 채울 충
忠 : 충성 충
蟲 : 벌레 충
衷 : 속마음 충
取 : 가질 취
娶 : 장가들 취 중매들 서
就 : 나아갈 취 곧 취
臭 : 냄새 취 맡을 후
趣 : 뜻 취 재촉할 촉 벼슬 이름 추
醉 : 취할 취
厠 : 뒷간 측
測 : 헤아릴 측
增 : 겹칠 층 더할 증
植 : 둘 치 심을 식
侈 : 사치할 치
値 : 값 치
恥 : 부끄러울 치
治 : 다스릴 치
置 : 둘 치
致 : 이를 치 그만둘 치 지극할 치
(=委)맡길 치
嗤 : 추할 치
則 : 법칙 칙 (=卽)곧 즉
親 : 친할 친 (=新)새로울 신
寢 : 잘 침
沈 : 잠길 침 성씨 심
稱 : 일컬을 칭 저울 칭

ㅋ

快 : 쾌할 쾌

ㅌ

他 : 다를 타
唾 : 침 타
惰 : 게으를 타
度 : 헤아릴 탁 법도 도
(=渡)건널 도 살 택
啄 : 쫄 탁 부리 주
濁 : 흐릴 탁
濯 : 씻을 탁 상앗대 도

琢 : 쪼을 탁
託 : 부탁할 탁
說 : (=脫)벗을 탈 말씀 설 달랠 세
(=悅)기뻐할 열
探 : 찾을 탐
貪 : 탐낼 탐
湯 : 끓일 탕 탕임금 탕
大 : (=太)너무 태 (=太)클 태 클 대
太 : (=泰)클 태
怠 : 게으를 태
泰 : 편안할 태 (=太)클 태
度 : 살 택 법도 도 (=渡)건널 도
헤아릴 탁
擇 : 가릴 택
澤 : 못 택
土 : 흙 토 뿌리 두
討 : 칠 토
慟 : 서러워할 통
痛 : 아플 통
通 : 통할 통
敦 : 다스릴 퇴 모일 단 제기 대
덮을 도 도타울 돈
아로새길 조
推 : 밀 퇴 밀 추
退 : 물러날 퇴
妬 : 샘낼 투
投 : 던질 투
透 : 사무칠 투 놀랄 숙
鬪 : 싸울 투

ㅍ

坡 : 언덕 파
波 : 물결 파 방죽 피
派 : 갈래 파
破 : 깨뜨릴 파 무너질 피
怕 : 두려워할 파 담담할 백
販 : 팔 판
辦 : 힘들일 판
八 : 여덟 팔
倍 : (≒背)등질 패 곱 배
(=背)배신할 배
佩 : 찰 패
悖 : 거스를 패 우쩍 일어날 발
敗 : 패할 패
享 : 삶을 팽 누릴 향

便 : 편할 편 곧 변 문득 변
偏 : 치우칠 편
片 : 조각 편
鞭 : 채찍 편
平 : 평평할 평 다스릴 평
吠 : 짖을 폐
廢 : 폐할 폐 버릴 폐
閉 : 닫을 폐
敝 : 해질 폐
布 : 베 포 펼 포 보시 보
抛 : 던질 포
抱 : 안을 포 던질 포
暴 : 사나울 포 사나울 폭 쬘 폭
彪 : 범 표
分 : 단위 푼 나눌 분
稟 : 여쭐 품 곳집 름
諷 : 풍자할 풍
風 : 바람 풍
豐 : 풍년 풍 부들 풍
波 : 방죽 피 물결 파
破 : 무너질 피 깨뜨릴 파
彼 : 저 피
披 : 헤칠 피
皮 : 가죽 피
被 : 입을 피
避 : 피할 피
辟 : (=避)피할 피 부를 벽 임금 벽
(=譬)비유할 비
拂 : 도울 필 떨칠 불
匹 : 짝 필 보통 필 단위 필
弼 : 도울 필
必 : 반드시 필
畢 : 마칠 필

ㅎ

下 : 아래 하 착수할 하
何 : 어찌 하
夏 : 여름 하 하나라 하
廈 : 문간방 하
賀 : 하례할 하
遐 : 멀 하
壑 : 골 학
學 : 배울 학
虐 : 모질 학
幹 : 우물 난간 한 줄기 간

주관할 관
寒 : 찰 한
恨 : 한 한
旱 : 가물 한
漢 : 한나라 한
閑 : 한가할 한
限 : 한할 한 심할 은
蝎 : 나무굼벵이 할 전갈 갈
割 : 벨 할
瞰 : 소리칠 함 먹을 담
含 : 머금을 함
檻 : 난간 함
陷 : 빠질 함
蓋 : 어찌 합 덮을 개
濕 : 나라이름 합 물 이름 답 젖을 습
合 : 합할 합
盍 : 덮을 합 (=何不)어찌 아니할 합
降 : 항복할 항 내릴 강
抗 : 겨룰 항
缸 : 항아리 항
行 : 줄 항 항렬 항 다닐 행
奚 : 어찌 해
害 : 해할 해 어찌 갈
懈 : 게으를 해
海 : 바다 해
解 : 풀 해
幸 : 다행 행
行 : 다닐 행 줄 항 항렬 항
享 : 누릴 향 삶을 팽
香 : 향기 향
虛 : 빌 허
許 : 허락할 허 이영차 호
驗 : 시험 험
革 : 가죽 혁 갑옷 혁
見 : 뵈올 현 (=現)나타날 현 볼 견 당할 견
兹 : 검을 현 이 자 검을 자
玄 : 검을 현
賢 : 어질 현
決 : 빠를 혈 결단할 결
穴 : 구멍 혈
血 : 피 혈
挾 : 낄 협
狹 : 좁을 협
兄 : 형 형
刑 : 형벌 형 탕기 형
形 : 모양 형
滎 : 실개천 형
瑩 : 의혹할 형 밝을 영 옥돌 옥
荊 : 가시나무 형
兮 : 어조사 혜
撓 : 부드럽게 할 호 어지러울 요 돌 효
許 : 이영차 호 허락할 허
乎 : 어조사 호
呼 : 부를 호
好 : 좋을 호
昊 : 하늘 호
毫 : 터럭 호
胡 : 오랑캐 호
虎 : 범 호
護 : 도울 호
惑 : 미혹할 혹
或 : 혹 혹
昆 : (=混)뒤섞일 혼 형 곤
昏 : 어두울 혼 (=婚)혼인할 혼
混 : 섞을 혼 오랑캐 곤
忽 : 갑자기 홀
弘 : 클 홍
和 : 화할 화
火 : 불 화
畵 : 그림 화 그을 획
禍 : 재앙 화
花 : 꽃 화
華 : 빛날 화
話 : 말씀 화
貨 : 재물 화
畫 : 그림 화 그을 획
攫 : 움킬 확 움킬 국
鑊 : 가마솥 확
獲 : 상심할 확 얻을 획
宦 : 벼슬 환
患 : 근심 환
歡 : 기쁠 환
還 : 돌아올 환 (=旋)돌 선
逭 : 달아날 환
越 : 부들자리 활 넘을 월
活 : 살 활 물 콸콸 흐를 괄
茫 : 황홀할 황 아득할 망
況 : 상황 황 하물며 황
潢 : 웅덩이 황
皇 : 임금 황 갈 왕
荒 : 거칠 황 공허할 강
黃 : 누를 황
繪 : 토끝 회 수놓을 궤 토끝 귀
匯 : 물 돌아 나갈 회
回 : 돌아올 회
恢 : 넓을 회
悔 : 뉘우칠 회
會 : 모일 회 마침 회
灰 : 재 회
賄 : 재물 회 뇌물 회
滙 : 물 돌아 나갈 회
畵 : 그을 획 그림 화
畫 : 그을 획 그림 화
獲 : 얻을 획 상심할 확
橫 : 가로 횡 제 멋대로할 횡
撓 : 돌 효 어지러울 요 부드럽게 할 호
孝 : 효도 효
效 : 본받을 효
曉 : 새벽 효
臭 : 맡을 후 냄새 취
侯 : 제후 후 어조사 후
厚 : 두터울 후
後 : 뒤 후 (=后)임금 후
休 : 따뜻하게 할 후 쉴 휴
訓 : 가르칠 훈 길 순
萱 : 원추리 훤
輝 : 빛날 휘
休 : 쉴 휴 따뜻하게 할 후
虧 : 이지러질 휴
畜 : 기를 휵 가축 축 (=蓄)쌓을 축
蓄 : 겨울 푸성귀 휵 모을 축
恤 : 불쌍할 휼
兇 : 흉악할 흉
凶 : 흉할 흉
欽 : 공경할 흠 신음할 음
興 : 일어날 흥
旣 : 녹봉 희 이미 기
喜 : 기쁠 희

新編

明心寶鑑

讀本

본 독본은 원문 강독講讀 및 성독용聲讀用으로 제공하는 것이다.

한문의 성독 능력은 곧 한문독해력漢文讀解力과 비례한다고 할 수 있을 만큼 한문 연수의 중요 과정 중 하나이다. 한 책冊을 수십, 수백 회 읽어서 원문을 통째로 암기暗記하는 것이 한문독해력 신장에 가장 좋다.

제대로 된 암기를 위해서는 원문을 물 흐르듯 줄줄 읽어 내려갈 수 있는 단계, 즉 '입에 올린다' 하여 '상구上口'라고 하는 과정을 반드시 거쳐야 한다.

그런데 처음 한문을 읽는 대부분의 사람은 상구의 과정 없이 몇 번만 대충 읽어보고는 머릿속으로만 의미에 따라 자구字句를 억지로 조합하려고 한다.

혹 암기력이 뛰어나서 억지로 한문 문장을 외우더라도 이렇게 외운 문장은 금세 잊히게 된다. 그러므로 자신의 학문독해력 신장을 목표로 둔 사람이라면 문장을 빨리 암기하려는 욕심을 버리고, 원문의 의미를 음미하면서 여러 차례 반복적으로 읽을 것을 권한다.

※ 본 독본을 읽을 때는, 앞 교재에서 '현토懸吐'와 '끊어 읽거나 쉬는 위치 등의 내용을 참조하면 좋다.

新編 明心寶鑑讀本 目次

韓國篇

中國篇

新編 明心寶鑑

讀本

新編明心寶鑑讀本目次

新編明心寶鑑讀本

韓國篇

三國時代

不逢時則隱하고 逢時則仕는 士之常也니라 ○君不恤民이면 非仁也요 臣不諫君이면 非忠也라 ○古人言一斗粟을 猶可舂이요 一尺布를 猶可縫이라하니 則苟爲同心이면 何必富貴然後可共乎아 ○大王常語하시길 汝必爲溫達之婦라하신대 今何故改前言乎아 匹夫猶不欲食言한대 況至尊乎아 ○與其生辱으론 不如死快니라 ○今有世俗五戒하니 一曰事君以忠이요

二曰事親以孝요 三曰交友以信이요 四曰臨戰無退요 五
曰殺生有擇이라 若等行之無忽하라 ○陽春和氣에 草木皆
華나 至於歲寒에 獨松栢後彫라 ○苟非其義면 雖千金
之利라도 不動心焉이니라 ○彼曲我直而反自逃면 非丈夫也
라 ○吾父名我以竹竹者는 使我歲寒不凋하고 可折而不
可屈이라 豈可畏死而生降乎아 ○蓋聞하니 振領而裘正하고
提綱而網張이라하니 吾其爲綱領乎인저 ○夫一人致死면 當百
人이요 百人致死면 當千人이요 千人致死면 當萬人이니 則可
以橫行天下라 ○伏願殿下知成功之不易요 念守成之
亦難하여 疏遠小人하고 親近君子하소서 ○貧且賤이 非所羞也

요 學道而不行之誠所羞也라 ○丈夫固當兵死언정 豈可
臥牀席하여 死家人之手乎아 ○欽春召子盤屈曰爲臣莫
若忠이요 爲子莫若孝라 見危致命하면 忠孝兩全이라 ○雖有
絲麻라도 無棄菅蒯하고 凡百君子는 無不代匱라하니 不識케이다 王
亦有意乎아 ○祿眞曰彼梓人之爲室也에 材大者爲梁
柱하고 小者爲椽榱하고 偃者植者는 各安所施라야 然後大廈
成焉이라 ○陽召萱伯曰犬各吠非其主라 爾以其主射我
니 義士也라 我勿校니 爾安無恐하라 ○臣聞컨대 昔者桀紂
荒于酒色하여 淫樂不止라가 由是政事凌遲하고 國家敗滅이라하니
覆轍在前이면 後車宜戒니이다 ○于公慟哭三年旱하고 鄒衍含

悲五月霜이라 今我幽愁還似古한대 皇天無語但蒼蒼이라 ○ 寧爲雞林之犬㹠이언정 不爲倭國之臣子요 寧受雞林之箠楚언정 不受倭國之爵祿이라 ○ 知財賄之爲地獄根本하여 將避於窮山以餞一生한대 何敢受焉고 ○ 毋曰昔日之糠粃는 心和且平이나 近日之香秔은 膈肝若刺而心未安하니 何哉오 ○ 天之假助不善은 非祚之也요 厚其凶惡而降之罰이라 ○ 智者는 成之於順時하고 愚者는 敗之於逆理니라 ○ 昇高自卑니 君子所以勵素志요 辭大就小니 古人所以傳令名이라 ○ 古人有言曰大厦成而燕雀相賀하고 湯沐具而蟣蝨相弔라하다 ○ 身榮塵易染하고 心垢水難洗라 ○ 彼所

啜이 不濟我渴하고 彼所噉이 不救我餒니 盡努力自飮自
食고

高麗時代

031 吾平日愛兄甚篤한대 今而分金에 忽萌忌兄之心이라 此乃
不祥之物也니 不若投諸江而忘之라 ○光宗曰卿能不
以寶爲寶나 予當以卿言爲寶라하다 ○擧義代虐은 自古而
然이라 今聞諸將議하니 妾猶奮發한대 況大丈夫乎아 ○汝素
035 蓄兇心이라가 自陷刑辟이라 法者天下之公이니 不可私撓라 ○
太祖幸其第하여 謂曰卿不食肉하면 有二失이라 不保其身하여
不得終養其母하니 不孝也요 不永命하여 使予早喪良弼하니

不忠也라 ○父臨終戒之曰汝當見金如石하라하니 瑩佩服이라
○黔弼謝曰臨難忘私하고 見危授命은 臣職耳니이다 ○凡爾
百僚는 各敬爾事하고 依舊進奏하여 毋得稽留하라 庶幾魚水
同歡하여 毋致君臣相阻하라 ○死生在天이니 何至釋有罪하여
枉求延命乎아 ○將相이 寧有種乎리오 時來則亦可爲也
라 ○思之勿深이니 深則多疑니라 商酌折衷하여 三思最宜니라
○常直不弓이면 被人怒嗔이요 能曲如磬이면 遠辱於身이니 惟
人禍福이 係爾屈伸이니라 ○慕而學之면 則雖不得其實이나
亦庶幾矣리라 ○器盈則覆은 物之常理라 ○人盜天生物
이요 爾盜人所盜라 均爲口腹謀니 何獨於汝討오 ○凡有

血氣者는 自黔首로 至于牛馬猪羊과 昆蟲螻蟻히 其貪生惡死之心이 未始不同이라 ○夫言有先逆而後順者요 外近而內遠者라 ○物入由是하고 聲出由是니 誠不可不有나 而亦不可不畏之地也라 ○一語一默에 榮辱所自니라 ○居不可久兮하라 螗蜋在後니라 ○子神明之後며 且明吉凶이어늘 不早自圖하고 落豫且之謀하여 爲寡人所獲은 何也오하니 玄夫曰明有所不見이요 智有所不及故爾라 ○夫所謂止止者는 能知其所止而止之者也니 非其所止而止면 其止也非止止也라 ○天下之事에 不以貴賤貧富爲之高下者는 唯文章耳라 ○傳曰在南爲橘이요 在北爲棖이라하니

盖草木非其土면 莫遂其性이라 ○況人主之用人을 毋論遠近疎戚하여 結之以恩愛하고 養之以祿秩하면 則安有不盡忠竭誠하여 以補國家者哉리요 ○花笑檻前聲未聽이요 鳥啼林下淚難看이라 ○智者見於未形하나 愚者謂之無事하여 泰然不以爲憂라 ○家傳清白無餘物이요 只有經書萬卷存이라 ○人恥呼爲畜한대 公然負大恩이라 主危身不死면 安足犬同論고 ○士以勢力進이면 鮮克有終하나니 以文行達이라야 乃爾有慶하리라 ○屈而不伸이면 則無以持其靜이요 伸而不屈이면 則無以存其動이니라 ○盖責善輔仁하여 而能致乎人倫之懿者는 皆朋友之力也니라 ○苟自反而信之면 天地鬼神이

將信之하리니 吾於人何慮之爲오 ○仲尼曰水哉水哉라하니 將
俾學者朝夕觀之하여 取法乎源泉混混不舍晝夜之意云
耳라 ○余聞信之於人大矣라 爲臣而無信이면 不能忠이요
爲子而無信이면 不能孝니 未有無信而能爲人者也라 ○
凡爲事에 當利於物而便於人이니 爲己而求福者末也라
○抑嘗觀컨대 積善積惡에 殃慶類至한대 若不在身이면 必在
其子孫이라 ○人子之事親에 合於理而盡於心이면 斯謂之
孝라 ○君借力於民以尊富요 臣借勢於君以寵貴라 ○
勤則爲君子요 惰則爲小人이라 勤則可至於富貴요 而惰
則卒至於貧賤이라 ○法者所以行其政이나 人法並用도 又

政之善者也라 ○君子之教는 反古復始니 蓋不忘其所由生이라 ○夫竹之爲物은 清而無累하고 貞而不變하고 虛而有容하고 直而不倚하니 古之賢人君子가 無不愛之라 ○水泉之盈科면 其出漸而其流止하고 止則滙하고 匯而淵하여 必達乎海矣리라 ○人而人吾면 則可喜也요 不人而不人吾면 則亦可喜也라 人而不人吾면 則可懼也요 不人而人吾면 則亦可懼也라 ○白日有朝暮요 青山無古今이라 一尊榮辱外에 相對細論心이라 ○逐鹿而不見山하고 攫金而不見人하고 察秋毫而不見轝薪이니 心有所專이면 而目不暇他及也라 ○春雨細不滴하니 夜中微有聲이라 雪盡南溪漲

080 하니 多少草芽生이라 ○人有賢不肖智愚之相去也는 何哉오 氣質敝之於前하고 物欲拘之於後라 ○吾之德을 如之何則進하며 吾之業을 如之何則修오하여 夙夜以孜孜면 則其至於道也必矣리라

朝鮮初期

081 衆心不一이면 無以整部伍요 衆力不一이면 無以勝敵人이니라 ○賞而當其功이면 則爲善者勸하고 刑而當其罪면 則爲惡者懲矣리라 ○孝爲百行之源也니 人得養生喪葬之宜하여 以盡事親之道라야 然後可謂孝也니라 ○公則不私하고 心淸

085 無欲하여 事出至當이니 是謂正直이라 ○適遐自邇오 升高自

卑라 萬里之往이 一擧足時니 愼勿却步하고 求至於斯니라
○操則存하고 捨則亡者는 此心也라 ○始也以善補過면
終焉入於無過之地矣리라 ○哲人之愚는 黙焉而其心已
融하여 不愚而愚하고 有焉若無니라 ○治體之汙隆은 繫乎人
090 材之盛衰하고 人材之盛衰는 關乎學校之興廢니라 ○苟學
矣이나 不力行이면 雖讀書萬卷이라도 亦無所用이니라 ○古諺云一
人善射에 百夫決拾이라하니 言效之者衆也라 ○輕은 當矯之
以重하고 急은 當矯之以緩이니라 ○學業은 在汝篤志與否니
志篤이면 則何患業不進이리오 ○不能舍己從人은 學者之大
095 病이라 天下之義理無窮이어늘 豈可是己而非人이리오 ○師生之

間에 尤當以禮義로 相先이니 師嚴生敬하여 各盡其道니라 ○
若因一困拂하여 而遽喪其所守면 則不可謂之士矣라 ○
夫士生於世하여 或出或處하며 或遇或不遇로대 歸潔其身하며
行其義而已요 禍福은 非所論也니라 ○學要勤이요 且須成
誦하여 不可放過니 讀而思하고 思而作을 皆要勤하여 又不可
廢一이니라 ○行有淺深하여 因跡而著하고 跡有異同하여 因心而
見이라 ○何謂處世之道아 窮不失義하고 達不離道요 而用
捨不隨乎時하고 行藏惟其所宜也라 ○羣輕折軸하고 積羽
沈舟라 ○一家之人이 務相雍睦하여 其心和平이면 則家內
吉善之事必集이리라 ○志之立知之明行之篤이 皆在我耳

니 豈可他求哉리오 ○凡讀書에 必熟讀一冊하여 盡曉義趣
105 하여 貫通無疑然後에 乃改讀他書니라 ○人之過失은 多由
言語라 ○曉起하야 思朝之所爲之事하고 食後에 思晝之所
爲之事하고 就寢時에는 思明日之所爲之事하라 ○古之人은
遭患難하면 則學益進智益明한대 今之人은 遭患難하면 則反
是라 ○黃卷中에 自有嚴師畏友어늘 讀之者가 例以陳言
看了라 故로 竟沒得力處니라 ○忠義所激에 弱可使强이요
110 寡可敵衆이니 只在一轉移之間耳라 ○莫仁者天이나 而莫
威者亦天也며 可恃者天이나 而不可恃者亦天也니라 ○吾
平生에 得一語하니 道吾過者는 是吾師요 談吾美者는 是

吾賊이라 ○今臣戰船尚有十二하니 出死力拒戰이면 則猶可爲也니이다 ○必死則生이요 必生則死라 ○不足之足이면 每有餘하고 足而不足이면 常不足하니라

朝鮮中期

大廈將傾에 而一木扶之하고 滄海橫流에 而一葦抗之니 知其不可로대 而猶且爲之者는 分定故也니라 ○雖危亂之際라도 人心固結則國安이요 人心離散則國危라 ○好善을 如小人之好貨하여 充以德而潤身이니라 ○信乎才之難悉得이요 而用之亦難盡也로다 ○進退者身이요 存亡者位요 得喪者物이니 知此而使之不失其正者는 心乎인저 ○孰不曰知

리오마는 眞知爲難이요 孰不曰行이리오마는 實行爲難이니라 ○欲與第一流友인댄 當先使己로 爲第一人이라 ○言勿異於行하고 行勿異於言하니 言行相符를 謂之正人이요 言行相悖를 謂之小人이라 ○衣服有汚면 一洗而可除나 時習一汚면 百濯而不去니라 蓋俗由習成한대 漸染則易나 變革則難이니라 ○人非聖賢이면 誰能無過리오 過而能悔하여 卽當圖所以改之者는 乃終至於無過之道也니라 ○有位之位는 其高可測이며 其大可限也요 無位之位는 其高也莫測이며 其大也不限이라 ○能守其分이면 則其心必貞하고 其身必安하여 而萬福在其中矣니라 ○夫以貴爲福者는 位替則賤하고 以富爲福者는

105

財盡則貧이니라 ○小器易盈이요 潢潦易渴이라 ○自古로 言路
開而不治者未之有也며 言路閉而不亂者亦未之有也
니라 ○嗚呼라 人誰無過리오마는 過而能改면 善莫大焉이라 ○豈
可都喪廉恥하여 知進而不知退乎리오 ○學은 必由師而明
하나니 學之本은 在於尊師니라 ○用人에 惟其賢才요 勿論其
門地니라 ○守口則無妄言하고 守身則無妄行하고 守心則無
妄動이니라 ○心之所不安은 卽病之所由生也니라 ○莫曰無
師하라 求之方策하면 有餘師矣라 莫曰無友하라 靜對黃卷하면
有其友矣라 ○凡遇不得意事에 試取其更深者하여 譬之
면 心次自然涼爽이니 此降火最速之劑니라 ○謙者는 德之

基요 勤者는 事之幹이며 詳者는 政之要요 靜者는 心之體라 ○在彼則知捃摭之요 在此則欲覆蓋之라

朝鮮後期

朋友交際에 必誠必信이니 見其善則中心喜之하여 從而揚之하고 見其惡則中心憂之하여 從而規之니라 ○雖有過誤라도 亦必溫言教戒요 不可奮詈暴怒하여 以致含怨失和니라 ○讀書에 必整襟肅容하고 專心易氣하며 毋生雜念하고 毋主先入하라 ○古云知得一分하고 行得一分이라하니 徒言而不行이면 言何能中理乎아 ○以人視物하면 人貴而物賤이요 以物視人하면 物貴而人賤이요 自天而視之하면 人與物均也니라 ○教子

有五라 導其性하며 廣其志하며 養其材하며 鼓其氣하며 攻其病이니 廢一不可니라 ○當動而動이면 動亦無尤하고 當言而言이면 言亦無吝이라 ○與人相約會어든 必先往하나니 雖風雨라도 必不食言이니라 ○勝於我者를 仰而慕之하고 與我同者를 愛而交相勖하고 不及於我者를 憐而敎之면 天下當太平矣리라 ○旣懲毋動하고 旣窒勿戀하며 旣改不再하고 旣遷莫變하라 ○有所挾而驕는 淺也요 無所挾而驕는 昏也라 ○人心日溺하고 世道日敗는 自不敎童子始也라 ○玉不自出이라 人自採之요 鏡不自見이라 人自照之니라 ○古人은 遇事見理에 必透得二三重이러니 今人은 不惟不透得半重이라 事到

眉頭에 茫不知如何措置하니 此政坐不讀書耳니라 ○未可
以言而言者는 其罪小요 可以言而不言者其罪大는 其
155 罪大라 ○勿謂堅하라 磨則穿이니라 志於學이 奚不然이리오 ○人
而不仁이면 人乎哉아 人而不義면 人乎哉아 ○聲與色은
外物也니 外物常爲累於耳目하여 令人失其視聽之正이로다
○夫德之凶은 莫如不誠이니 不誠則無物이라 ○觀其所友
160 하고 觀其所爲友하며 亦觀其所不友는 吾之所以友也니라 ○
士一日而不讀書면 面目不雅하고 語言不雅니라 ○世治則
君子志於退讓하고 世亂則君子志於退藏하니 其爲退則一
也라 ○誠之也而不怵하고 勸之也而不激하며 虛而無必하고

直而不有하라 ○眼前無不好人하고 肚裏無不平事면 是爲平生至樂이라 ○見敬於人者는 必敬人하고 見侮於人者는 必侮人이라 ○公事先於人하고 私事後於人이라 ○獲罪於天이면 猶可逭也나 獲罪於民이면 不可救也라 ○作罪於昭하면 人責及之하고 作罪於闇하면 鬼誅襲之라 昭暗俱罪하면 天禍集之라 ○驕吝俱凶德이나 然天道惡驕甚於吝이라 ○世治則臣職篤於廷하고 友誼敦於士類하며 世亂則臣分盡於草莽하고 友道見於屠販이라 ○內不足者는 其辭煩하고 心無主者는 其辭荒이니라 ○名譽盛者는 惟斂退라야 可以遠辱이요 富貴極者는 惟謙恭이라야 可以免禍니라 ○毋喜一時之欺人하고

毋幸目前之橫財하라 ○樂不亟享이라야 延及耄昏이요 福不畢受라야 或流後昆이니라 ○修身以孝友爲本이니 於是有不盡分이면 雖復學識高明하고 文詞彪炳이라도 便是土牆施繢耳라 ○

175 古之爲學者는 五라 曰博學之와 審問之와 愼思之와 明辯之와 篤行之니라 ○治家之要有二字銘이니 一曰勤이요 二曰儉이라 天厭懶怠하니 必不予福이요 天厭奢泰하니 必不降祐라 ○爲善이 是受福之道니 君子强爲善而已니라 ○兄弟者는 與我同父母하니 是亦我而已矣라 兄者는 先至之我也요 弟者는 後至之我也라 ○天非私富一人이라 蓋託以

180 衆貧者요 天非私貴一人이라 蓋託以衆賤者니라 ○待有餘

而後濟人이면 必無濟人之日이요 待有暇而後讀書면 必無讀書之時니라 ○廉者는 牧之本務요 萬善之源이요 諸德之根이니 不廉而能牧者는 未之有也니라 ○天之方蹶이라도 牛出有穴이라 ○寧測十丈水深이나 難測一丈人心이라 ○樂生於苦하니 苦者는 樂之根也요 苦生於樂하니 樂者는 苦之種也라 ○穿雪野中去에 不須胡亂行이라 今朝我行跡이 遂作後人程이라

朝鮮末期

衣以新爲好하고 人以舊爲好라 ○善視者는 未盡善聽矣이요 善言者는 未盡善動이라 ○知己之過勝於聞人之善이라

故惟患知過之不切이요 不患改之之不敏이라 ○傳聞不如躬聞이요 躬聞不如親見이요 親見不如親自當之니라 ○通達者選人에 職與人參商하고 偏狹者選人에 常不離自己分數니라 ○敗事之後에 拾於灰燼하여 以闕既往之累하고 戒於覆轍하여 以啓來頭之望이 乃善處事也라 ○善用人者는 非徒使善者善之라 亦能使不善者善之니라 ○得所欲爲樂이니 欲有爲者는 以有爲樂하고 欲無爲者는 以無爲樂이니라 ○薄有才技而不善讀書는 反不如無才技而不讀書之爲愈也니라 ○觀野者는 曰日出於野라하고 觀水者는 曰日出於水라하더라 ○與其負愧而生으론 不如無愧而死라 ○人子之

事親에 必以恭敬爲本하고 以修身愼行爲先이라 ○惟其明이라 故照物無僞요 惟其公이라 故姸媸無異議니라 ○爲官擇人은 是其爲公之大者요 爲人擇官은 是其爲私之大者라 ○人之患은 在常知我過於人이로되 而不知不及於人이며 常欲上於人이로되 而不欲下於人이며 常欲我敎人이로되 而不好我問於人이니라

中國篇

繼善篇

201 子曰爲善者는 天報之以福하고 爲不善者는 天報之以禍니라

天命篇

202 馬援曰終身行善이라도 善猶不足이요 一日行惡이라도 惡自有餘니라 ○易曰出其言善이면 則千里之外應之하고 出其言不善이면 則千里之外違之라 ○司馬溫公曰積金以遺子孫이라도 未必子孫이 能盡守요 積書以遺子孫이라도 未必子孫이 能盡讀이니 不如積陰德於冥冥之中하여 以爲子孫之計也니라

○景行錄曰恩義를 廣施하라 人生何處不相逢이랴 讐怨을
莫結하라 路逢狹處면 難回避니라 ○東嶽聖帝垂訓曰一日
行善이면 福雖未至나 禍自遠矣요 一日行惡이면 禍雖未至
나 福自遠矣니 行善之人은 如春園之草하여 不見其長이라도
日有所增하고 行惡之人은 如磨刀之石하여 不見其損이라도 日
有所虧니라 ○楚書曰楚國無以爲寶요 惟善以爲寶라 ○
諸葛武侯曰謀事在人이나 成事在天이라 ○人可欺나 天不
可欺요 人可瞞이나 天不可瞞이라 ○益智書云惡鑵若滿이면
天必誅之니라 ○種瓜得瓜요 種豆得豆니 天網이 恢恢하여
疏而不漏니라 ○深耕淺種이라도 尚有天災한대 利己損人이면 豈

無果報리오

順命篇

213 一飮一啄이 事皆前定이라 ○萬事分已定이어늘 浮生空自忙이니라 ○福至不可苟求하고 禍至不可苟免이라 ○緊行慢行이라도 前程只有許多路라

孝行篇

217 詩曰父兮生我하시고 母兮鞠我하시니 哀哀父母여 生我劬勞샷다 欲報深恩인데 昊天罔極이로다 ○子曰孝子之事親也에 居則致其敬하고 養則致其樂하고 病則致其憂하고 喪則致其哀하고 祭則致其嚴이니라 ○伊川先生曰人無父母면 生日當倍悲

痛한대 更安忍置酒張樂하여 以爲樂이리오 若具慶者는 可矣라
220 ○孝順은 還生孝順子요 忤逆은 還生忤逆兒니 하나니 不信커든
但看簷頭水하라 點點滴滴不差移니라 ○養子方知父母恩
이요 立身方知人辛苦라

正己篇

222 性理書云見人之善而尋己之善하고 見人之惡而尋己之
惡이니 如此라야 方是有益이니라 ○馬援曰聞人之過失이어든 如聞
父母之名하여 耳可得聞이언정 口不可言也니라 ○道吾善者는
225 是吾賊이요 道吾惡者는 是吾師니라 ○景行錄云寡言擇交
면 可以無悔吝하고 可以免憂辱이라 ○太公曰勤爲無價之

寶요 愼是護身之符니라 ○景行錄曰保生者는 寡慾하고 保身者는 避名이니 無慾은 易나 無名은 難이니라 ○子曰君子有三戒하니 少之時엔 血氣未定이라 戒之在色하고 及其長也하여는 血氣方剛이라 戒之在鬪하고 及其老也하여는 血氣旣衰라 戒之在得이니라 ○景行錄曰食淡精神爽이요 心淸夢寐安이요 心淸夢寐安이니라 ○道高龍虎服하고 德重鬼神欽이라 ○荀子曰積土成山이면 風雨興焉하고 積水成淵이면 蛟龍生焉하고 積善成德이면 而神明自得하여 聖心備焉이라 ○景行錄云定心應物하면 雖不讀書라도 可以爲有德君子니라 ○武蘇曰一言之益은 重於千金이요 一行之虧는 毒如蛇蝎이라 ○近思錄云懲忿

235 如救火하고 窒慾如防水하라 ○增廣賢文云酒中不語는 眞
君子요 財上分明은 大丈夫니라 ○德勝財爲君子요 財勝
德爲小人이라 ○萬事從寬이면 其福自厚니라 ○太公曰欲量
他人인댄 先須自量하라 傷人之語는 還是自傷이니 含血噴人
이면 先汚其口니라 ○太公曰瓜田에 不納履하고 李下에 不整
240 冠하라 ○太公曰家中有惡이면 外已知聞이요 身有德行이면 人
自稱傳이라 ○門內有君子면 門外君子至요 門內有小人
이면 門外小人至라

安分篇

242 知足者는 貧賤亦樂이요 不知足者는 富貴亦憂니라 ○知足

常足이면 終身不辱하고 知止常止면 終身無恥니라 ○方上不
245 足하고 比下有餘라 ○擊壤詩云安分身無辱이요 知幾心自
閑이라 雖居人世上이나 却是出人間이니라 ○汪信民嘗言人常
咬得菜根이면 則百事可做니라 ○子曰不在其位하여는 不謀其
政이니라

存心篇

248 擊壤詩云富貴如將智力求면 仲尼年少合封侯라 世人
不解青天意하고 空使身心半夜愁니라 ○子曰聰明思睿라도
守之以愚하고 功被天下라도 守之以讓하고 勇力振世라도 守之
250 以怯하고 富有四海라도 守之以謙이니라 ○百巧百成이 不如一

拙이라 ○施恩勿求報하고 與人勿追悔하라 ○孫思邈曰膽欲
大而心欲小하고 知欲圓而行欲方이니라 ○景行錄云誠無悔
하고 恕無怨하며 和無讎하고 忍無辱이라 ○朱文公曰守口如甁
255 하고 防意如城하라 ○景行錄云貪是逐物於外요 欲是情動
於中이라 ○各人自掃門前雪이요 莫管他家屋上霜하라 ○心
不負人이면 面無慚色이니라 ○人無百歲人이나 枉作千年計니라
260 ○兒孫自有兒孫福이니 莫與兒孫作遠憂하라 ○無求勝布
施요 謹守勝持戒라 ○景行錄云責人者는 不全交요 自
恕者는 不改過니라 ○以愛妻子之心事親이면 則曲盡其孝
요 以保富貴之心奉君이면 則無往不忠이요 以責人之心責

己면 則寡過요 以恕己之心恕人이면 則全交니라 ○生事事生이요 省事事省이니라 ○柔弱護身之本이요 剛强愆禍之因이라

戒性篇

景行錄云人性如水하여 水一傾則不可復이요 性一縱則不可反이니 制水者는 必以堤防하고 制性者는 必以禮法이니라 ○忍一時之忿이면 免百日之憂니라 ○愚濁生嗔怒는 皆因理不通이라 休添心上火하고 只作耳邊風하라 長短家家有요 炎涼處處同이라 是非無實相하여 究竟摠成空이니라 ○景行錄云屈己者는 能處重하고 好勝者는 必遇敵이니라 ○張敬夫曰小勇者는 血氣之怒也요 大勇者는 理義之怒也라 血氣之

怒는 不可有요 義理之怒는 不可無니 知此면 則可以見
270 情性之正而識天理人欲之分矣리라 ○惡人이 罵善人이면
善人은 摠不對하라 不對면 心淸閑이요 罵者는 口熱沸니라 正
如人唾天이면 還從己身墜니라 ○凡事에 留人情이면 後來에
好相見이니라

勤學篇

272 子夏曰博學而篤志하고 切問而近思면 仁在其中矣니라 ○
莊子曰人之不學은 如登天而無術이니 學而智遠이면 如披
祥雲而覩靑天하고 登高山而望四海니라 ○禮記曰玉不琢
275 이면 不成器하고 人不學이면 不知道니라 ○太公曰人生不學이면

冥冥如夜行이니라 ○朱文公曰勿謂今日不學而有來日하며 勿謂今年不學而有來年하라 日月逝矣라 歲不我延이니 嗚呼老矣라 是誰之愆고 ○朱文公曰家若貧이라도 不可因貧而廢學이요 家若富라도 不可恃富而怠學이니 貧若勤學이면 可以立身이요 富若勤學이면 名乃光榮이니라 ○直言訣曰造燭求明이요 讀書求理라 明以照暗室이요 理以照人心이라 ○學到老면 不會到老라

訓子篇

莊子曰事雖小나 不作이면 不成이요 子雖賢이나 不敎면 不明이니라 ○漢書云黃金滿籯이 不如敎子一經이요 賜子千金이

不如教子一藝니라 ○至樂은 莫如讀書요 至要는 莫如教子니라 ○呂滎公曰內無賢父兄하고 外無嚴師友요 而能有成者鮮矣니라

省心篇 上

景行錄云寶貨는 用之有盡이요 忠孝는 享之無窮이니라 ○父不憂心因子孝요 夫無煩惱是妻賢이라 言多語失皆因酒요 義斷親疎只爲錢이니라 ○得寵思辱하고 居安慮危하라 ○榮輕辱淺이요 利重害深이니라 ○子曰不觀高崖면 何以知顚墜之患이며 不臨深泉이면 何以知沒溺之患이며 不觀巨海면 何以知風波之患이리오 ○素書云推古驗今이 所以不惑이라

290 ○子曰 明鏡은 所以察形이요 往者는 所以知今이니라 ○天有
不測風雨하고 人有朝夕禍福이니라 ○未歸三尺土엔 難保百
年身이요 已歸三尺土엔 難保百年墳이니라 ○景行錄云 木有
所養이면 則根本固而枝葉茂하고 棟樑之材成하고 水有所養
이면 則泉源壯而流派長하여 灌漑之利博하고 人有所養이면 則
志氣大而識見明하여 忠義之士出이니 可不養哉아 ○直言
訣曰 鏡以照面이요 智以照心이라 鏡明則塵埃不往이요 智明
295 則邪惡不生이라 ○左傳曰 意合則吳越相親이요 意不合則
骨肉爲讐敵이라 ○疑人莫用하고 用人勿疑니라 ○諷諫云 水
底魚天邊雁은 高可射兮低可釣어니와 惟有人心咫尺間이나

咫尺人心不可料니라 ○天可度而地可量이나 惟有人心不
300 可料라 ○畫虎畫皮難畫骨이요 知人知面不知心이니라 ○對
面共話로되 心隔千山이라 ○若聽一面說이면 便見相離別이니라
○禮義生於富足이요 盜賊起於饑寒이라 ○說苑云財者君
子之所輕이요 死者小人之所畏라 ○疏廣曰賢而多財則
305 損其志하고 愚而多財則益其過니라 ○不經一事면 不長一
智니라 ○是非終日有라도 不聽自然無니라 ○有麝自然香이니
何必當風立고 ○有福莫享盡하라 福盡身貧窮이요 有勢莫
使盡하라 勢盡寃相逢이니라 福兮常自惜이요 勢兮常自恭하라 人
生驕與侈는 有始多無終이라 ○漢書云勢交者近이라가 勢竭

而亡하고 財交者密이라가 財盡而疎하고 色交者親이라가 色衰而絶이라 ○黃金千兩未爲貴요 得人一語勝千金이라 ○好言難得이요 惡語易施라 ○小船難堪重載요 深逕不宜獨行이라 ○人爲財死요 鳥爲食亡이라 ○景行錄云利可共而不可獨이요 謀可寡而不可衆이라 獨利則敗하고 衆謀則泄이라 ○不孝怨父母하고 貧苦恨財主라 ○在家不會邀賓客이면 出外方知少主人이라 ○貧居鬧市無相識이요 富住深山有遠親이라 ○寧塞無底缸이언정 難塞鼻下橫이니라 ○子曰士志於道而恥惡衣惡食者는 未足與議也니라 ○荀子曰士有妬友면 則賢交不親하고 君有妬臣이면 則賢人不至니라 ○漢書云曲

突徙薪無恩澤이요 憔頭爛額爲上客이라 ○天不生無祿之人이요 地不長無名之草이라 ○大富由天이요 小富由勤이라 ○

325 大富則驕하고 大貧則憂라 憂則爲盜요 驕則爲暴라 ○成家之兒는 惜糞如金하고 敗家之兒는 用金如糞이라 ○一日淸閑이면 一日仙이니라

省心篇 下

327 家語云 水至淸則無魚하고 人至察則無徒니라 ○千卷詩書難却易요 一般衣飯易却難이라 ○輕諾者信必寡요 面譽

330 者背必非라 ○許敬宗曰 春雨如膏나 行人惡其泥濘이요 秋月揚輝나 盜者憎其照鑑이라 ○經目之事도 恐未皆眞

이어늘 背後之言을 豈足深信이리오 ○不恨自家汲繩短하고 只恨他家苦井深이로다 ○贓濫滿天下하되 罪拘薄福人이니라 ○太公曰人心難滿이요 谿壑易盛이라 ○天若改常이면 不風則雨요 人若改常이면 不病則死니라 ○壯元詩云國正天心順이요 官清民自安이라 妻賢夫禍少요 子孝父心寬이니라 ○子曰木從繩則直하고 人受諫則聖이니라 ○一派青山景色幽러니 前人田土後人收라 後人收得莫歡喜하라 更有收人在後頭니라 ○蘇東坡曰無故而得千金이면 不有大福이라 必有大禍니라 ○大廈千間이라도 夜臥八尺이요 良田萬頃이라도 日食二升이니라 ○久住令人賤이요 頻來親也疎라 但看三五日에 相見不如初

니라 ○渴時一滴은 如甘露요 醉後添盃는 不如無니라 ○酒
不醉人人自醉요 色不迷人人自迷니라 ○易曰德微而位
尊하고 智小而謀大면 無禍者鮮矣니라 ○說苑曰官怠於宦
成하고 病加於小愈하며 禍生於懈怠하고 孝衰於妻子니 察此
四者하여 愼終如始하라 ○器滿則溢하고 人滿則喪이니라 ○羊羹
雖美나 衆口難調니라 ○益智書云白玉은 投於泥塗라도 不
能汚穢其色이요 君子는 行於濁地라도 不能染亂其心하나니 故
로 松柏은 可以耐雪霜이요 明智는 可以涉危難이니라 ○無求
到處人情好요 不飮任他酒價高라 ○入山擒虎는 易요
開口告人은 難이니라 ○遠水는 不救近火요 遠親은 不如近

隣이니라 ○太公曰日月이 雖明이나 不照覆盆之下요 刀刃이
雖快나 不斬無罪之人이요 非災橫禍는 不入愼家之門이라
○得福不知나 禍來便覺이라 ○太公曰良田萬頃이 不如
355 薄藝隨身이니라 ○孝友朱先生曰終身讓路라도 不枉百步요
終身讓畔不失一段이라도 不失一段이라 ○着意栽花栽不活
이요 無心揷柳揷成林이라 ○性理書云接物之要는 己所不
欲을 勿施於人하고 行有不得이어든 反求諸己니라

立教篇

358 讀書는 起家之本이요 循理는 保家之本이요 勤儉은 治家之
本이요 和順은 齊家之本이니라 ○孔子三計圖云一生之計는

在於幼하고 一年之計는 在於春하고 一日之計는 在於寅이니 幼而不學이면 老無所知요 春若不耕이면 秋無所望이요 寅若

360 不起면 日無所辦이니라 ○王蠋曰忠臣은 不事二君이요 烈女는 不更二夫니라

治政篇

361 明道先生曰一命之士가 苟有存心於愛物이면 於人에 必有所濟니라 ○當官者는 必以暴怒爲戒하여 事有不可어든 當詳處之면 必無不中이어니와 若先暴怒면 只能自害니 豈能害人이리오 ○位尊者德不可薄이요 官大者政不可欺라 ○書云

365 木以繩直이요 君以諫正이라 ○抱朴子曰迎斧鉞而正諫하며

370 366

據鼎鑊而盡言이면 此謂忠臣也니라

治家篇

司馬溫公曰凡諸卑幼事無大小히 毋得專行하고 必咨稟於家長이니라 ○待客에 不得不豊이요 治家에 不得不儉이니라 ○凡使奴僕에 先念飢寒이니라 ○時時防火發하고 夜夜備賊來니라 ○子孝雙親樂이요 家和萬事成이니라 ○景行錄云觀朝夕之早晏하면 可以卜人家之興替니라 ○安定胡先生曰嫁女必勝吾家者니 勝吾家則女之事人에 必欽必戒라 娶婦必須不若吾家者니 不若吾家則婦之事舅姑에 必執婦道라

373

安義篇

顏氏家訓曰夫有人民而後에 有夫婦하고 有夫婦而後에 有父子하고 有父子而後에 有兄弟하니 一家之親은 此三者而已矣라 自玆以往으로 至于九族히 皆本於三親焉이라 故로 於人倫에 爲重也니 不可不篤이니라 ○莊子曰兄弟는 爲手足하고 夫婦는 爲衣服이니 衣服破時엔 更得新이어니와 手足斷處엔 難可續이라

遵禮篇

375

子曰居家有禮라 故長幼辨하고 閨門有禮라 故三族和하고 朝廷有禮라 故官爵序하고 田獵有禮라 故戎事閑하고 軍旅

有禮라 故武功成이니라 ○晏子曰上無禮면 無以使下요 下
無禮면 無以侍上이라 ○子曰君子有勇而無禮면 爲亂하고
小人有勇而無禮면 爲盜니라 ○若要人重我인대 無過我重
人이니라 ○禮記曰男女不雜坐요 不親授며 嫂叔不通問이요
380 父子不同席이라 ○老子曰人之有信은 如車有輪이라 ○君
子一言은 跨馬一鞭이라 ○一言旣出이면 駟馬難追라 ○司
馬溫公曰誠之道固難入이나 然當自不妄語始라

言語篇

384 劉會曰言不中理면 不如不言이니라 ○君平曰口舌者는 禍
患之門이요 滅身之斧也니라 ○離騷經云甜言如蜜이요 苦語

如刀라 人不以多言爲益이요 犬不以善吠爲良이라○刀瘡
易可나 惡語難消라○利人之言은 煖如綿絮요 傷人之
語는 利如荊棘하여 一言利人은 重値千金이요 一語傷人은
痛如刀割이라○逢人且說三分話하여 未可全抛一片心이라
不怕虎生三個口요 只恐人情兩樣心이라○酒逢知己千
鍾少요 話不投機一句多니라○荀子云贈人以言이 重於
金石珠玉이요 觀人以言이 美於詩賦文章이요 聽人之言이
樂於鍾鼓琴瑟이라

交友篇

家語云與好人同行이면 如霧露中行하여 雖不濕衣라도 時時

有潤하고 與無識人同行이면 如厠中坐하여 雖不汚衣라도 時時聞臭니라 ○太公曰 女無明鏡이면 不知面上精麤요 士無良友면 不知行步虧踰라 ○相識滿天下로되 知心能幾人고 ○種樹莫種垂楊枝요 結交莫結輕薄兒하라 ○宋弘曰 糟糠之妻不下堂이요 貧賤之交不可忘이라 ○酒食兄弟는 千個有로되 急難之朋은 一個無니라 ○君子之交는 淡如水하고 小人之交는 甘若醴니라 ○水持杖探知深淺이요 人與財交便見心이라 ○路遙知馬力이요 日久見人心이니라

新編明心寶鑑讀本 終